生活周刊 中读 · 文丛

幸福的出路

亲密关系的幻想、真相与抉择

王星　王珊／等著

中信出版集团｜北京

图书在版编目（CIP）数据

幸福的出路：亲密关系的幻想、真相与抉择 / 王星，
王珊等著 . -- 北京：中信出版社，2021.9
ISBN 978-7-5217-3340-2

Ⅰ . ①幸… Ⅱ . ①王… ②王… Ⅲ . ①爱情－文集②
婚姻－文集 Ⅳ . ① C913.1-53

中国版本图书馆 CIP 数据核字（2021）第 139358 号

幸福的出路——亲密关系的幻想、真相与抉择
著者：　　王星　王珊　等
插画：　　谢驭飞
出版发行：中信出版集团股份有限公司
　　　　　（北京市朝阳区惠新东街甲 4 号富盛大厦 2 座　邮编　100029）
承印者：　中国电影出版社印刷厂

开本：880mm×1230mm 1/32　印张：9.25　　　字数：198 千字
版次：2021 年 9 月第 1 版　　印次：2021 年 9 月第 1 次印刷
书号：ISBN 978–7–5217–3340–2
定价：68.00 元

目 录

上 篇 ────　**爱情婚姻纠缠史**

文丛总序

杂志的极限何在？

这不是有标准答案的问题，而是杂志需要不断拓展的边界。

中国媒体快速发展 20 余年之后，网络尤其是智能手机的出现与普及，使得媒体有了新旧之别，也有了转型与融合。这个时候，传统媒体《三联生活周刊》需要检视自己的核心竞争力，同时还要研究如何持续。

这本杂志的极限，其实也是"他"的日常，是记者完成了90% 以上的内容生产。这有多不易，我们的同行，现在与未来，都可各自掂量。

这些日益成熟的创造力，下一个有待突破的边界在哪里？

新的方向，在两个方面展开。

其一，作为杂志，能够对自己所处的时代提出什么样的真问题。

有文化属性与思想含量的杂志，重要的价值，是"他"的时代感与问题意识。在此导向之下，记者将他们各自寻找到的答案，创造出一篇一篇文章，刊发于杂志。

其二，设立什么样的标准，来选择记者创造的内容。

杂志刊发，是一个结果，这个过程指向，《三联生活周刊》期待那些生产出来的内容能够被称为知识。以此而论，杂志的发表不是终点，这些文章能否发展成一本一本书，才是检验。新的极限在此！挑战在此！

书籍才是杂志记者内容生产的归属，源自《三联生活周刊》的一次自我发现。2005 年，周刊的抗战胜利系列封面报道获得广泛关注，我们发现，《三联生活周刊》所擅不是速度，而是深度。这本杂志的基因是学术与出版，而非传媒。速度与深度，是两条不同的赛道，深度追求，最终必将导向知识的生产。当然，这不是一个自发的结果，而是意识与使命的自我建构，以及需要持之以恒的努力。

生产知识，对于一本有着学术基因，同时内容主要由自己记者创造的杂志来说，似乎很自然。我们需要的，是建立一套有效率的对杂志内容进行选择、编辑的出版转换系统。但是，新媒体来临，杂志正在发生的蜕变与升级，能够持续并匹配这个新时代吗？

我们的"中读"App，选择在内容升级的轨道上，研发出第一款音频产品——《我们为什么爱宋朝》。这是一条由杂志封面故事、图书、音频节目再结集成书、视频的系列产品链，也是一条艰难的创新道路，所幸，我们走通了。此后，我们的音频课，基本遵循音频－图书联合产品的生产之道。很显然，所谓新媒体，不会也不应当拒绝升级的内容。由此，杂志自身的发展与演化，自然而协调地延伸至新媒体产品生产。这一过程结出的果实，便是我们的《三联生活周刊》与"中读"文丛。

杂志还有中读的内容，变成了一本一本书，它们是否就等同创造了知识？

这需要时间，以及更多的人来验证，答案在未来……

李鸿谷

/ 2015 年的最后一场婚假 /

序

那些花儿的
爱情童话

文 / 加菲

　　当年的情诗圣手雪莱说："有一个被人经常亵渎的字，我无心再来亵渎。"而在如今这个碎片化的时代，"爱情"与"婚姻"已经成为被频繁公开碎碎念的话题。各种念叨方式中包括一类简单但还不算粗暴的所谓"心理测试游戏"。比如：从童话故事里看你的爱情婚姻观——《睡美人》《白雪公主》《灰姑娘》，你最喜欢哪篇？如果选择《睡美人》，说明你在感情问题上倾向于压抑自己的本性，敏感、缺乏安全感，但事实上你内心蕴藏着强大的保护欲，适合保守型婚姻和家庭；如果选择《白雪公主》，说明你的自我评价很高，对浪漫爱情充满幻想，但真正面对婚姻时会审时度势，理智地组建真正适合自己生存的家庭；如果选择《灰姑娘》，说明你渴望独立自由，但又期待来自强势者的保护，对戏剧化爱情的追求高于对稳定婚姻的向往，适合更前卫风格的家庭生活。

　　说这种测试题"简单"，那是一目了然的。真正的专业心理测试题和测谎题的设计理念差不多，要从不同的角度设问，更要用题目的数量彻底消磨掉受试者的作伪心理。如果是收集了 300 篇童话，每 3 个一组将其分为 100 道问题进行测试，最后得出的结果倒会真的有点意思。

不过，说它"还不算粗暴"也是有道理的。毕竟题目的设计者考虑到了女性对这种心理测试更感兴趣，因此全部选用了以女性为主角的童话。当然，在多元化的今天，这份测试题也可以很便利地改为以男性为主角的童话：《青蛙王子》对应《睡美人》，《大拇指》对应《白雪公主》，《杰克与魔豆》对应《灰姑娘》。假如再相应地改换成《哈姆莱特》《悲惨世界》《红与黑》，这份测试题甚至可以很优雅地出现在如今流行的读书打卡群里。

更"不算粗暴"的是，这份测试题里的三位主人公都正经在专业心理学诊疗室里挂过号："睡美人"代表自我发展由于外因而压抑停滞；"白雪公主"和她的继母原本就是同一个体的自我分裂；"灰姑娘"甚至冠名了心理学中的"辛德瑞拉情结"，表示一种在自立与依存间徘徊的心理状况。最早开始给这群公主王子做诊疗的，正是大名鼎鼎的心理学家荣格（Carl Gustav Jung）。

然而，真正为公主王子们建立诊疗档案的并不是荣格，而是他的学生兼助手、瑞士心理学家玛丽-露易丝·冯·弗兰茨（Marie-Louise von Franz）。在 18 岁时，冯·弗兰茨如同白雪公主一样，跟随七个男孩拜访了荣格，从此她内心的睡美人与灰姑娘被唤醒了，后来成为荣格派心理学说最忠实的传播者，并且将这一学说发扬光大到了大众可以熟知的童话领域，留下好几本以荣格派方法对童话进行心理分析的著作。

童话故事的结尾往往是"公主与王子幸福地生活在了一起"，现实中的冯·弗兰茨却终生未婚。有人说她把一生献给了荣格，不过准确地说，应该是献给了荣格的学说。荣格本人在 28 岁时迎娶了瑞士著名奢侈表厂商万国表（IWC Schaffhausen）老板的千金后，据信又曾先后与两名心理学领域的女同行有染，而比荣格小 40 岁的冯·弗兰茨那时还正处于薛定谔之猫式的做着童话梦的猫睡状态。荣格后来安排冯·弗兰茨与自己的另一个追随者芭芭拉·汉娜（Barbara Hannah）住在一起，理由是"你们都爱好心理分析，心理分析师不应该独处"。于是两位公主生活在了一起，应该是"幸福"的。

那份心理测试题原本就说了是"游戏"，就像那些童话也原本就说了是"童话"。历史不是童话，但"历史"一词在西方文化中的词源是"故事"。故事中的爱情能够很"天上"：可以有天使与神意背书它的纯洁，可以以"骑士精神"的名义成为不朽文字，登徒子们也可以成为戏剧与歌剧舞台上的主角。即便历史上的婚姻其实很"人间"，以后人的视角回望一切时也都成了故事乃至童话，正如在后人看来冯·弗兰茨与荣格之间的交往已经成为童话。然而，终身未婚的冯·弗兰茨在埋头童话分析研究时的经历，原本就是真正的人间。

如同很多神话都从"黄金时代"开场一样，我们也有理由选择从爱情与婚姻的历史（或者说曾经的"故事"）开始。毕竟，站在当下，即便以最乐观的心态眼望"天上"，看到的也难免是"重塑爱情""匹配爱情"，然后"天凉好个秋"般地说句"爱情不说话"。当下视角更不可避免地满眼皆是"人间"。于是"理想婚姻"受到质疑，幻想、背叛、渴望——好的婚姻似乎成了奢侈品。爱情童话的最玄妙之处在于：当"爱情"二字没有被说出时，人人都可能是灰姑娘；这两个字一经说出，人人都可能瞬间变为灰姑娘的姐姐。

收入书中的这些文章其实可以溯源到近30年前《三联生活周刊》的一组专题故事，标题是《别人的爱情是那么美丽》。如今这些文章的作者大多已经开始更多地琢磨"自家的孩子是那么出色"，不过这并不妨碍他们的后辈们继续一路捡拾水晶鞋，追踪灰姑娘。那组封面问世后没几年，街头流行了一首如今已成为老歌的《那些花儿》："那片笑声让我想起我的那些花儿……幸运的是我曾陪她们开放。"

我们确实应该觉得幸运，因为不管童话故事说了什么，我们一直有这么多爱情童话的陪伴。别人的爱情是那么美丽，但没有了别人的那些花儿依旧在书写童话。那些花儿的爱情童话或许已经逐渐成为过去，但很多问题还发生在现在。当人类审视自己的情感时，面对的往往是一套滞销的拼图，人们之所以有信念继续完成这场冗长的游戏，往往是因为这个过程本身很励志。

关于爱情与婚姻问题，当代美国社会心理学和社会行为学教授施瓦茨（Barry Schwartz）曾经有过两个比喻：超市货架与鱼缸。超市场地大，货架上的商品品种丰富，因此有多种选择，但这也有可能误导人们忘记前来超市的初衷，原本想来打酱油的却买了醋；鱼缸空间有限，选择性也有限，然而更加安全，至少能确保进鱼缸来的都是鱼，而不是三月兔。

当然，我们也可以把这两个比喻当作新一代童话。鉴于很多哲学家与心理学家都存在一些婚姻问题，或者因为某种感情问题终身不婚，后人也完全可以将他们对人类激情与理智的分析视作一种被无限加密了的爱情童话。

提起鱼缸，最后不妨再说一个经典的童话：《渔夫和金鱼的故事》。它也可以被改造成一份简单但不算粗暴的心理测试游戏——木盆、木房子、贵妇、女皇、海上霸王，设想你回家见到它们的次序，由此可以看出你心目中的爱情与婚姻目前是在天上还是在人间。不过不必当真，恺撒的终究归恺撒，童话的终究归童话。

/ 阿 May 的惊喜 /

天上的爱情，
人间的婚姻

文 / 舒可文

任何关于爱情的说辞都面临着社会变迁的冲击，经历着不同经验的修改。现在被我们言说的"爱情"，是一系列舶来词中最甜蜜诱人的一个。因为它的根茎是欧洲历史、社会、文化的经验，与世界其他地方的两性经验未必完全相同。比如"两情相悦""执子之手"之类的描述，蕴含的经验可能会有另一个路径的历史描述。即使不考虑历史过程，任何人在爱情实践中也都可能经历与别人非常不同的感受和经验，同时又有不少人倾向于拿别人的故事来检验和测量自己的感受，形成话语和经验的相互遮掩、相互增生。如此喋喋不休、越来越杂乱的陈述，反复叠加、填充、变更着这个"特殊空间"。所以福柯会把爱情看作一种话语对象，它缺少一个如香槟酒、断头台之类的明确所指。

相对制度化的婚姻家庭所经历的也不比爱情更顺利。当离婚在英国、法国等欧洲国家被法律许可后，当妇女的政治自觉意识建立时，当性解放成为新文化先锋时，婚姻经历了一次次的危机。

可是直到现在，婚姻家庭依然在社会生活中作为最重要的方式存在着。关于婚姻，似乎也有一个反复填充、不断变更的空间，虽然法律一直为它提供着保护，但这种保护越来越有限，越来越多地集中在个人权利方面。与此同时，社会学家或心理学家发现，这个生活空间越来越变成了一个自治的领域，这个领域越来越依赖的不是法律，而是对社会生活、私人关系进行探索开发的愿望和实践程度。

此爱情与彼爱情

贾科莫·卡萨诺瓦当过律师，当过神职人员，当过军官，也是小提琴手、骗子、皮条客、美食家、演员、商人、外交官、间谍、医生、政客、数学家、作家、秘法师，如果加上他偶尔充当的角色，那就更多了，他还充当过历法改革家、探矿专家和染料化学家。他究竟要干什么，差不多取决于他想从中捞一把的对象是谁。不过，有一个身份是不变的，不论他的足迹到哪个地方，"大情人"这个名声一直伴随着他。他写过20多部作品，包括戏剧和散文，真正让他留名于世的是1789年开始写作的自传《我的一生》。

茨威格在写作《三作家》时，把卡萨诺瓦与司汤达、托尔斯泰并列在一起，从文学成就上看，这似乎有点让人不解。茨威格解释说，因为卡萨诺瓦这个在各方面都有才智和好奇心的人，在这本自传里写出了他那个时代各种冒险家详细具体的行为举止，

/ 欧洲情圣贾科莫·卡萨诺瓦 /

/ 卡萨诺瓦《我的一生》插图：卡萨诺瓦和凯瑟琳 /

引言 天上的爱情，人间的婚姻 **003**

"为 18 世纪打上了时代的印记"。那么，从他的"大情人"的故事，也能读出那个时代的爱情和今天的区别。

作为那个时代著名的大情人，卡萨诺瓦的晚年回首自然少不了这类故事。在卡萨诺瓦的恋爱故事中，女主角各式各样，很难集中在某一种偏好趣味上，更别说什么可与之长期相伴所需的相知或尊重。卡萨诺瓦的职业虽然百变无常，但还是有一个长久确定的更远的方向，就是提高社会地位和发财。无论他的恋爱故事有多丰富，他投入的热情有多真诚，都不会通向一个更远的方向，就是说这一切都与婚姻毫无关系。在他那个时代的欧洲，尤其是在一向代表那个时代风尚的社会上层阶级中，爱情是充满激情的、区别于日常事务的一种享受或冒险事件，还不具有 19 世纪浪漫主义爱情的严肃性。

与所爱的人结婚这个朴素愿望其实一直存在，但在当时却曾遭到贵族阶层的嘲笑。蒙田借研究维吉尔的诗，表示过他对爱情婚姻的蔑视：爱情太嫉妒，竟然还卑鄙地想混入婚姻中，如果娶一个像维纳斯那样的妻子，"对于丈夫来说过于激动了"。在他看来，"在婚姻这种神圣的亲属关系中随意放纵，算是一种乱伦"。在这一点上，蒙田这个大思想家和卡萨诺瓦持同样的态度，即爱情只能在婚姻外发生。在那时贵族主导的社会观念里，爱恋自己的妻子是一件有失尊严的事，也是对体面妻子的冒犯。持这种婚姻观念者如蒙田，坚持认为，婚姻的名义就是出于财产和结盟的种种考虑，更主要是为了生儿育女，所以必须有更为牢固的基础，而"这一切都和爱情的俗套完全相反"。

在物质婚姻中的女性是相对被动的一方，所以有些女才子以她们的方式选择了与物质婚姻对立的阵营，她们有的人在生完孩子后就与丈夫分居，有些干脆拒绝婚姻。《西方婚姻史》发现，在这种爱情与婚姻的对立中，女性首先萌生了对爱情婚姻的期望。到了18世纪时，教会里有些主教开始支持为爱情结婚的年轻人，甚至有法官愿意帮助年轻人解除没有爱情的婚约，启蒙思想家们也来参与论证什么才是得体的婚姻。

在卢梭的论证中，恋爱结婚才是真正"天然的"婚姻，他不是说门当户对不重要，只是说趣味、脾气、情感和性格方面的般配是更重要的。卢梭在他提供的那个著名的启蒙模型《爱弥儿》中，为了描述他认为得体而不放纵的爱情婚姻，他让爱弥儿既要留心一个性格趣味都能相合的姑娘，这个姑娘将在各方面都符合让爱情产生的条件，可是又刻意不让他自己去找，而是托人介绍。

当代的社会学家安东尼·吉登斯提醒我们注意，虽然是同一个词语，但卢梭让爱弥儿寻找的"爱情"与卡萨诺瓦经历的"爱情"是非常不同的。为了把这两种爱情区别开来，吉登斯称卡萨诺瓦式的爱情为"激情之爱"，这是一种伴随人类生活的普遍现象，既不新鲜也不独特，只在文艺复兴时期被赋予了人文主义的美意，也被那个大冒险的时代赋予了传奇色彩。而卢梭所允诺的爱情，也是19世纪之后被不断推崇的爱情方式，即所谓"浪漫之爱"，是一种"文化现象"，因为它第一次把爱与自由联系起来，也就与社会理想、生活方式联系起来。

宿命似的，在卡萨诺瓦开始写作《我的一生》的那一年，法国大革命爆发，它确立的自由、平等观念将全面改变那个让卡萨诺瓦扬名的时代。

现实的改变总会迟于观念，所以即使到了19世纪，婚姻家庭纽带的主要形式依然以经济价值的考虑为基础，代表先进思想的资产阶级群体的爱情观念更多还是表达在文学作品中。这种爱情观正是吉登斯所定义的浪漫之爱，在这种观念的传播中，爱情被赋予一种特殊意义，完全不同于卡萨诺瓦说的"我一直认为我正与之恋爱的那个是最好的"。新的爱情观不仅意味着将他／她识别为一个"特殊的人"，而且还生长出了一种自我审视的方式，例如："我"觉得对方是这样的，对方会这样看待"我"吗？"我们"的爱情是否足够"深厚"？诸如此类的考量都基于希望这个爱情能为长期生活提供轨道，为婚姻生活提供经济之外的可靠基础。

这种识别和审视方式不仅会塑造新的爱情关系，更重要的是将改变婚姻的质地，因为这种方式总是要把个体从更广阔的社会环境中分离开来，才能视之为一个"特殊的人"，这也就使婚姻关系具有了区别于其他社会关系的特殊地位。

并非巧合的是，浪漫爱情观念的传播与浪漫爱情小说的风行几乎同时兴起，当时就有保守的人认为，爱情是男性专为对付女性捏造出来的诡计，爱情小说的畅销，在某种意义上恰恰是爱情观念在日常现实中被否定的证明。吉登斯对这个问题考察的结果也支持这种流言：浪漫爱情小说及其观念不同于骑士爱情故事，浪漫故事中的女主角都是能独立思考双方关系并参与创造关系的一方，虽然这在当时确实是反事实思考，但无论如何，这种观念的发展鼓励了女性权利意识的自觉。所以尽管这些故事中的爱情观念在当时缺少事实支撑，吉登斯还是予以了最充分的肯定，因为从 19 世纪到今天，女性的自觉一直作为一种社会力量，卷入整个生活环境的真实改变中。

没人再逼着你发伪誓

不管是哪一种爱情，都还属于一种私人关系，只是所谓的"浪漫之爱"要进入婚姻这种社会关系，肯定会让婚姻的质地发生变化。

社会学家和哲学家不一样，他们不太讨论爱情作为一种话语的变更，而是更多考察爱情婚姻观所必须依赖的社会条件的变化。

至关重要的一个条件是法国大革命确立的人人平等的观念。大革命之后，法兰西戏剧院的一个大名角塔尔马要结婚了。且不说他为什么结婚以及和谁结婚，单是他要结婚这一桩事就闹得很大。4 世纪以后，基督教在欧洲各地实行的条例规定，不允许戏子参与任何圣事——新生儿命名礼、婚礼、临终涂油礼这些基督徒人生中的圣事，戏子都不能参加。当塔尔马去找神父时，神父按照教会的条例，必定拒绝为他主持婚礼，除非他宣誓放弃演员这个职业。莫里哀也是因为从事这个职业，在他临终时，神父拒绝为他行涂油礼。所以通常情况下，演员如果想结婚，就要先发个伪誓，说放弃自己的职业，过了这一关之后再重操旧业。

《西方婚姻史》说，要是在旧社会，也就认了，可大革命之后人人平等了，塔尔马不想发个伪誓做那样的妥协了，他要求能享受宪法赋予每个人的公民权。这让国民议会犯了难，他们就把此事交给了一个由神职人员组成的委员会讨论，这个委员会也犯了难。

其中的纠结在于：婚姻到底是一桩"圣事"，还是一个契约？宗教改革运动后，因为天主教教堂不给新教教徒注册和主持婚姻圣事，法国天主教教区积攒了很多"法外"婚姻。路易十六为解决这种婚姻的合法性问题，发过一道赦令，凑合着让法官为新教教徒补办婚礼。那期间有些地区曾出现过一个奇怪的景象：很多新教家庭祖孙三代一起去做婚姻登记。但就是这个权宜之策被认为是公证婚姻的基础。

塔尔马事件的影响更为深远，它促成了一项法律草案，即把婚姻视为民事契约。1791 年法国宪法确认了公证结婚，可依照传统心理，似乎还是需要神父这样一个证婚人或送出神圣祝福的人。婚姻虽然被当作一件自然俗事了，但人们又抱怨公证结婚过于无声无息，没有创造出一套仪式，所以大革命也没有完全取消宗教婚姻的仪式。于是，1801 年之后宗教婚姻和公证结婚并存下来。

到此，塔尔马的婚姻对法国社会的震荡还不算完结。那位公

/ 法兰西戏剧院大名角塔尔马在枫丹白露宫为拿破仑演出《恺撒》/

证结婚的受益者、以为结婚就了了终身大事的新娘子没料到的是，不到 10 年，她又成了公证离婚的受害者。

　　既然婚姻是俗世契约，离婚的自由就是题中应有之义，可这项自由还是给那时候的法国新政权带来了一些新的纠结。之所以能把婚姻视为民事契约，它背靠的是民族国家的法理，而不只是个人意愿。因此，支持公证结婚又反对离婚自由的议员就提出，不能将一项与民族命运相关的制度完全交付给两个人的意愿，因此要求宪法必须保证公证婚姻的效力，制定能对婚姻有所控制的

/ 在法国大革命之后，首次在巴黎桑斯公馆办理的公证结婚 /

制度。1816 年后，法国果然开始禁止离婚。

但事情远没有像议员们想的那么简便顺当，围绕婚姻中的宗教、民族性质以及爱情、自由的观念，博学鸿儒们的争论从此未断。

1900 年，在一次关于妇女权利的国际会议上，契约自由的原则再次被强调为婚姻的根本依据。这是当时欧洲的左派力量、女权主义以及无政府主义思潮掀开的新篇章。之后，一位法学博士的论文表达了另一种立场与之针锋相对。根据他的论证，婚姻不能和别的民事契约相提并论，因为婚姻是人的一种天然联系，不是由法律制造出来的联系，也就不可能被法律解除。他的结论是，婚姻一旦成立，就解除不了了。

法国当时的司法部针对一直持续的尖锐对立，组织了一个婚姻改革委员会，作家纪德、侦探小说家莫里斯·勒布朗、诗人皮埃尔·路易、内阁总理普安卡雷，以及一批知名的法官、律师、作家都是这个委员会的委员。这个委员会重提了爱情婚姻才是高尚婚姻的理想，以及多项今天已经成为现实的建议，比如共有财产的合法性、妇女的民事权利、自愿离婚等，不过这些在当时还没有足够的支持能被写入法律。

虽然以自由平等为基础的恋爱婚姻观作为现代观念通过文学传播了 100 多年，婚姻与爱情之间的关系还是一直模糊不清。19世纪时就有小说家把爱情的地位提得至高无上，甚至把爱情定义为"真正的共和主义的品德"，把恋爱结婚当作一种"自由的象征"。中国早期革命者在从西方拿来革命理论的同时，也是把自由恋爱作为一种革命行动来实践的。法国曾有一本公民教育小册子，呼吁："是爱情重归本色的时候了，爱情应该是夫妻结合的决定性因素和基本条件。只有爱情能够发现或创造人与人之间的契合。"

同时，怀疑的声音也一直未断，在这种怀疑中，爱情不过是一种自愿的同居，或乔治·桑小说里的通奸。弗洛伊德理论对人的力比多①的分析也加深了这种怀疑。在意大利，两次世界大战期间，墨索里尼逆潮流而行，一度重新让教会掌控婚姻制度，法国也在这时出现了反弹。但这时的社会状况大局已定，取消公证结婚已无可能，至多是可以自由选择进行公证注册还是宗教婚礼。无论选择哪种婚姻制度，伦理依据却没再倒退，即对恋爱婚姻的肯定。

经过这漫长的婚姻观念的变化，到 20 世纪，金钱婚姻虽然远没有消失，但恋爱婚姻似乎也是无须争辩的事情了。真正为爱情婚姻而抗争的故事高潮出现在 30 年代，主角是英国国王爱德华八世，他坚持为爱情结婚，即使退位也在所不惜。

不是不要，是要什么

不管你选择什么婚姻体制，不管是公证注册、上帝见证，还是拜天地，都意味着承认婚姻是一种社会关系，不然可以选择不结婚。那么它就不仅会受到观念的指引，更会被生存条件规划。之所以人类学家倾向于把婚姻制度视为一种社会关系，也是因为它与生存状态总是有一种自然而然的相关关系。在不同地区的传统婚姻制度中，人类学家韦斯特马克统计发现：除去经济合作的因素，在男女比例大致相等的时候，通常一夫一妻制就广泛实行。

---

① 力比多，心理学名词，指一切寻求快感的心理能量，主要指性本能的能量。
　　——编者注

历史上往往在战争之后，男性人数减少时，一夫多妻制就被采用，或在贫富不均、社会分化明显的地区，一夫多妻现象就很普遍，而同地区的穷人依然实行一夫一妻。婚姻的功利性充分体现，无非是财产、继承人、政治势力的巩固或保障。即使是以一夫一妻为主要婚姻形式的基督教社会，强制性也不是一直一样的。《人类婚姻史》显示，即使是欧洲王室，也没有严格实行一夫一妻制，6世纪的爱尔兰国王有两后两妃，查理大帝有两后多妃，重婚现象也并非严格被禁止，路德本人甚至批准过重婚。这还只是出于伦

/《婚礼》，描绘一对新人在教堂举行婚礼的情景（18 世纪意大利画家皮也特洛·隆基绘，约 1755 年）/

/《农民婚宴》(彼得 · 布吕盖尔绘，1568 年) /

理的理由，比如说"重婚总比离婚可取"。更功利的理由也会时而生效，比如，1650 年，《威斯特伐利亚合约》签订之后，鉴于 30 年战争造成的人口锐减，纽伦堡地区一个县政会议规定，每个男子可娶两个妻子。关于婚姻的伦理观念与社会功利的考虑，似乎一直在互相诠释着。

爱情婚姻观能在多大程度上改变婚姻家庭的这种功利质地还不好说，但吉登斯能够得出的结论是，浪漫爱情是与婚姻家庭制度的变化密切相连的一种现象。

法国大革命后，除了自由平等的观念在宪法上确立，曾经被贵族蔑视为"小市民"的情感趣味，因为资产阶级的成长壮大，在社会中得到了尊重。另一项必要的条件也已经具备，即资本主义生产带动了生活方式的改变。

因为工业革命，大量的劳动力、职员或创业者都离开了原有的土地和家族生活圈子。在新型的工作方式和生活环境下，出现了一种家族经济时代没有过的时光——"休闲时间"。在大工业工作中，工作时间与休息时间是截然分割的，工作时间内人们集中在一起，工作之外人群四散，个个形单影只。社交活动在平民社会开始取代家族亲戚、邻里发小的交往。这种社交活动与贵族的舞会不同，贵族社交活动是他们生活中躲避不开的责任和必须履行的义务，而平民社交是可自己安排和可选择的。

心理学家认为，不可小看平民社交，它对爱情婚姻的影响至关重要，这样的机会非常有利于"凝结"某种情感。因为新的生产方式改变了城市人口结构，为应对新型的城市人口结构，单元房在各地大量兴建。这为那些到城市做工的单身男女提供了重要的私人空间，可以约见某人，可以让两人单独相处。这也被作为有利于滋生出更紧密的关系的社会条件之一。

但是，弗洛姆心理学研究在分析社会生产方式对人的性格结构的塑造时，发现了不利于此的条件。由于庞大的企业机构的出现，原来在作坊式经济生活中生长的创造性和独立性，已经从个人过渡到机构，资本主义生产方式强化着这种生产结构，越来越多的人依附在这种结构中。企业越大，生产组织方式越集中，分工越细，人越是这个组织结构中的螺丝钉。所以，个性在这种生产结构中必定会被抑制甚至被打击。

现代生产需要的是大量"能够合作"的人，商业需要的是大量"乐于消费"的人。这两方面最需要的，都是趣味标准化并且容易被预测的人，总之，是善于适应社会这部大机器的人。他们总能够去做被期望做的事，他们没有领导却被指挥，没有接受命令却被指使。人"独立地"把自己当作一种投资来体验生命的活力，而不是生产者。弗洛姆说，其结果是，人的安全感越来越依赖一个个群体，在群体中却又很难建立人与人的亲密关系，更多情况下的人际关系是投资、交易、合作的关系。余下的是孤独和所谓休闲时间。

由于经济事务的社会化、规模化，家庭很少再承担经济活动，至少不是经济活动的主要场所了（大企业大股东的家庭依然保留着经济性质）。因此家庭的私人性质极大增强，单元房也为这种核心家庭提供了可能形式。爱情婚姻的祈望者本来就希望从那些容易与激情产生冲突的生活俗务中分离出来，这种条件下的家庭可能正是一个可以发展个性、培植人与人亲密关系的场域。

到了1975年，连教皇都承认这个时代是爱情文明的时代了，可惜他反应有点慢。当年争取爱情婚姻者据理力争的所有条件看似都具备了：财产与遗产的关系松散了，破产的风险、事业的风险增加了，加上股市的动荡，这些因素都可能改变一个人的经济状况，通过遗产稳固财产的方式在新型经济活动中不那么一劳永逸了；反而，财产与职业的关系紧密了，家庭经济状况主要取决于个人的职业成就了；女性有了受教育权利和职业选择的能力，即使与男性的社会差异依然存在，但独立性已经建立，这使女性不必依赖婚姻来为生活提供经济保障。这一切使爱情婚姻有了更多机会，可以不必过多地考虑个人情感之外的因素了。恋爱婚姻似乎可以像教皇那样宣布取得历史性胜利了。

情况并非如此。在教皇迟钝地宣布爱情胜利之前20年的1956年，弗洛姆已经以《爱的艺术》一书，分析了当代社会结构中，婚姻家庭正在变成一个摆脱不安全感、摆脱孤独感、共同对抗外部压力的同盟，却被误解为爱恋，婚姻中的人正再一次与爱情渐行渐远。

为了帮助那些还渴望爱情婚姻的人，弗洛姆提供了一套"艺术方法"。爱作为一种艺术，第一需要约束感。任何艺术（古典意义上的），都是以约束的方式实践的，像学习绘画或练习提琴。那些只在心情愉快时才做的事情，也许会令人惬意，但它可能成为消遣，不可能成就艺术。约束感虽然在八小时工作中为人所熟练掌握，但自我约束和那种工作约束完全不同，它不是迫于外界的规则。第二，是专注感。现代文化鼓励一种分心而弥散的生活方式，你要读书、看报、看电视、参加饭局、喝酒、听音乐、游泳、打球、旅游、练瑜伽……总之片刻不闲。而有了约束感就会引导出专注、耐心和高度关怀，不管下一步的计划如何。区别于出于外界目的，如加薪、升职、获得名声地位等被迫实施的策略，专注意味着完全生活在此时、此地的能力。自身不敏感的人很难专注，敏感的人就像一个好司机，不用时刻显得小心翼翼，但任何不正常噪声都会被他敏感地注意到。这就要求第三个方法，一种客观立场。与之相对的自恋，会把自身的东西体验为真实的东西，外界对他而言只是从对他有益或有害的观点出发体验到，这就丧失了客观的态度。客观态度背后是一种谦逊，这是第四。最后他列出，耐性也是必需的。现代文化追求快速出成果，大量的技术进步都是为了"快"而设计的。弗洛姆认为，如果不能以这些学习艺术的方式来对抗僵硬的社会结构，顶多成为一个爱情爱好者，不可能真正去实践那样的生活。

弗洛姆之所以像科普作者那样讲解爱的艺术，是因为他认为，"二战"后的欧洲社会结构产生的时代精神中，"爱已经是一种相当罕见的现象"，不罕见的则是存在主义理论的流传，精神分析理论的推广。这似乎反映出新时代来临之前的一种焦虑以及对消除焦虑的思想需求。

终于，社会学家注意到，连法国人都犹豫了，不太好意思说爱了，爱情主题也从严肃的文学作品中退场，成了娱乐文化中消费的主题，或商品推广中的作料。只有一些学者还把它当作一个严肃的政治、社会主题。

婚姻于是遇到了新的危机。短短的半个世纪里发生了许多变化，那些当年阻碍爱情婚姻的障碍一个个被克服后，"从前所说的需要结婚的理由又一个一个消失"了：成家立业曾是成熟男人被社会认可的标志，现在男人立足于社会靠的是职业职务和社会地位；婚生子女曾是享有继承权的重要条件，现在非婚生子女同样可以成为继承人；避孕术的广泛使用，对生育的控制直接扩大了性解放的范围，性问题完全可以不依赖婚姻解决；同居作为个人自由也不再被视为非法或有违伦常。原来必须在婚姻内部解决的生存问题，如今都有了其他解决途径，留给婚姻家庭的似乎"只剩下一种象征性关系"。

没有航标的"日常社会实验"

现代婚姻在很大程度上卸去了政治、经济、繁衍后代等负担，婚姻关系越来越明显地从其他社会关系领域突出出来，家庭随之变成了一个与其他社会环境判然有别的领域。按福柯的说法，婚姻越少，各种生存策略的负担就越自由。它的价值就集中在建立和维护一种强大和稳定的个人关系，包括共享生活、互相帮助以及道德支持。如果说这种婚姻的起点是因为双方以很文化的方式"凝结"出了某种爱情，那么《伪币制造者》里纪德感兴趣的问题就变成了：爱情是怎样溶解的？即使承认在婚姻中爱情好像有了主导地位，但爱情并不能保证什么，尤其不能保证长久稳定的婚姻。

曾经，公共权力一直充当着婚姻的保护者。福柯发现，婚姻这个私人体制的内部变化总会与公共体制的演变相像。古罗马时，一整套立法措施表明公共权力一点一点控制了对婚姻体制的评判。比如通奸法的出台，其实没有在事实认定上提出任何新东西，完全照搬伦理评价的传统解释，其功用只是把原来属于家庭内部的制裁权转让给了公共权力。这种变化一直存在。今天，针对婚姻的公共权力的约束力是历史上最宽松的，这种宽松不是来自法律条目，而是因为现代婚姻内部的约束力变得严格了。他说，越少依赖于经济或社会目的，越会促进夫妻之间发展成一种比以往更紧密的生活方式，这种关系就越有约束力。婚姻问题常常是在远远没有触及公共体制的边界时，内部双方早已经历过调解、斗争、妥协、商讨，到了需要公共权力来认定时，其实内部的认定已经完成，公共权力只是走个手续而已。公共权力的作用除了可以保护一些经济利益或相关权利，对婚姻本身的保护基本是无效的，公共权力也缺少对现代婚姻伦理的解释。

婚姻的传统目标已经发生了变化，它与传统婚姻目标的最大区别在于：对方既要被更加推崇为独立自主的另一个人，同时又必须被塑造，进而承认与之形成的统一体。在福柯看来，这是现代婚姻家庭的最大的悖论。

因此这造成了新的焦虑和要求，离婚率提高、不婚人群增加或许与之有关。究其原因，吉登斯认为，它源自浪漫爱情观念假设的一种心灵沟通，一种特殊的信念。在坚持这种信念的婚姻中，如果爱情结束了，要么征服世俗陈规利益，拒绝和解，离婚，要么在"合法化的道德犯罪"中延续婚姻。这是 1889 年时爱情婚姻倡导者的决绝态度。

但是，吉登斯说，因为与子女的关联以及共同生活痕迹的纠缠，这种颠覆性态度一直受到抑制，真爱永存、白头到老的观念也参与了这种抑制。由于这种抑制的存在，两个人原有的那种独特感会有趋同的倾向。但这种趋同并不被感受为趋同，恰恰相反，常常被感受为对方不独特了，两人的距离越来越远了。爱情婚姻的过程曾被视为两人共同去创造"一部相互叙述的传记"，这时却又变成了对各自生活的孤独应对。合作、港湾、保护子女等策略替代了所谓的爱情。晚近的变化是，即使保护子女的负担也变得不那么重了，社会文化已经提供了大量如何照顾单亲子女的方法。

表面上，这种婚姻家庭的维系好像仅仅是传统习俗的因循，但关于婚姻状况的社会调查也有大量的案例并不支持这种表层结论。在婚姻被社会环境一步步纯化的过程中，所有与对方有关的事务都集中于婚姻内部，与社会目标的关联几乎隔断了。在这个彻底的自治领域里，仅限于双方之间的情感关系变得愈加成为首要事务。

所以可以说，这种最纯粹的关系反而是最富可能性的关系，它不可能停留在对"一个特殊的人"的爱情中，而是可能会创造出一种"特殊的关系"。所以福柯说："自尊的人不会只是结婚，他必须赋予自己的婚姻生活一种反思的形式和一种特殊的风格。"这种特殊风格，不是只为了指挥对方或管好自己，而是由某种互相塑造的方式界定，"作为特殊伴侣的配偶必须被当作与自我相同的存在，用来形成一个统一实体的成分"。这是婚姻论题中的自我教化，尽管是在福柯所说的"悖论"之中。

所以说，现在的婚姻家庭已经不是传统婚姻那样一种"自然状态"。所谓自然状态，就是如果没有外在的极端境遇，一般会"自然地"持续下去。吉登斯认为，这不仅是婚姻体制的变化，也是社会所经历的变化，在现代生活中我们都被卷入一种"日常社会实验"，广泛的社会变化迫使人们多多少少要从事这种实验。

吉登斯把现代爱情的本质理解为，一种组织个人生活的方式。这种方式与拓展未来、自我认同相连，所以它会通向一种两人共同塑造的亲密关系，婚姻关系能为之提供一个心理环境和实践环境。

其中，平等是亲密关系的必要因素，在情感中双方的予取越平等，婚姻关系的维系越可能发展出亲密关系。自治的重要性意味着不必依赖于对方的需求，还在于各自尊重不同的发展轨道，并提供反思的环境。

自治和依赖之间能达到平衡不是没有问题的，一定会存在冲突的余地，因此，没人确切地知道这种平衡以怎样的形态达成，这一点才是显示个人创造能力之所在。

英国心理学家艾米丽·汉克柯调查过很多婚姻中的女性，她们所处的婚姻类型不同，遇到的困境不同，追求的独立定义不同，自救或自我调整的方式也很不同。她发现，把爱和婚姻联结在一起的永恒化态度当作一种"终极状况"，是一种工具主义的、男性世界的意图。所以每当在遇到问题或变化时，男性偏向于工具化解决，外遇、离婚、逃避、愤怒等等。她描述的一些女性则被她称为"真正的拓荒者":她们正在穿越没有航标、没有地图的区域,当遇到挑战和变化时,她们能做出自我身份如何转向的标记。

艾米丽·汉克柯还描述了另一些新的变化:对一些更有独立感的女性而言,婚姻问题已不是浪漫爱情的保有问题,当然也不是找一位伴侣的事情,无论她们是否谈论婚姻,她们都是在探索重建亲密关系的道路,以此参与着对私人关系纽带的改进。

吉登斯作为社会学家,一直主张把婚姻制度当作一种政治制度来观察。他断定,今天的婚姻比经济婚姻、恋爱婚姻远为深刻。虽然经济婚姻、恋爱婚姻仍然在很大程度上存在着,但随着社会制度和社会观念的改变,婚姻的主导倾向越来越向私人领域的民主化转化,越来越会呈现出不同的面貌和形式。

这个私人领域的民主化在当代婚姻中已经是一个隐含的性质,虽然不同于公共领域,但其含义可能同样深刻。按英国政治学家戴维·赫尔德的区分:大多数政治民主的方法之间都存有共同因素,这些因素都旨在稳定个人之间的"自由和平等关系",从而促进自治能力、尊重能力、协商能力的产生。

自治能力成为婚姻的根本,只有非遵从的自治态度才能免受流行时尚、利益交换、公平交易等市场伦理的影响,它意味着自我反思、自我确定的能力,认知视野的开阔。尤其重要的是在婚姻中已经出现的推心置腹,能够公开各自的关怀,同时适于公开各自的需要,以"反射性的自我规划",相互发现对方的潜能和个性,并助其实现和开发。

其中，信任、责任和诚恳不再是倾吐情感的手段，而都作为交往的方式。这种所谓纯粹的亲密关系被吉登斯看作当代婚姻区别于传统婚姻的根本。

像在公共领域一样，这种私人关系也很乌托邦。两性之间的心理和依然存在的经济差异还是在起着阻碍作用，但无论如何，改造这种环境的条件正在发生变化。今天，人们依然选择婚姻建立家庭，除了强大的文化传统为其塑造的严肃感，也是因为婚姻家庭依然是提供个人满足感的场域，向人们提供着情感支持、性满足、生活趣味、记忆分享，对于无障碍，至少是最少障碍的私人亲密关系，现代的婚姻提供了一个相对的最佳环境。

上 篇

一

爱情婚姻
纠缠史

你们可知道
什么是爱情？

文 / 王星

爱情与婚姻间的纠缠是场伴随了人类文明全进程的镜花水月论战。即便不说是"日光之下并无新事"，也不能不承认古人在这个事关切身利益的问题上表现出的决绝与睿智并不逊于今人。

　　莫扎特曾经为凯鲁比诺①写过一首颇为小清新的歌曲——《你们可知道什么是爱情》。直白的歌词和易于上口、近似小情歌的旋律很容易诱使 200 多年后的听众忘记：当年像凯鲁比诺这样谈论爱情不完全是一件轻松的事，尤其是当"爱情"与"婚姻"相联

---

① 凯鲁比诺是歌剧《费加罗的婚礼》中一个十六七岁、情窦初开的男仆，他强烈地渴望着爱情，情感稚嫩而热烈。伯爵家里的每一个女性，几乎都成了他爱慕的对象。他与园丁的女儿在花园私会，在伯爵的房间向女仆表白，甚至给伯爵夫人写了一封情书。

系时。

现代人同样容易自诩是自己的时代解放了爱情，但回顾历史，爱情与婚姻间的纠缠是场伴随了人类文明全进程的镜花水月论战。即便不说是"日光之下并无新事"，也不能不承认古人在这个事关切身利益的问题上表现出的决绝与睿智并不逊于今人。

倘若对古人公平一些，与其以胜利者的姿态回溯爱情自何时起进入婚姻，倒不如探究爱情在哪些节点上远离过婚姻。或许是距离产生美，我们总希望爱情在远处有个源头，但我们或许不过是在问爱神一个已经被问腻的问题。

如果确信对现代类人猿的研究可以多少揣测出人类祖先的行为逻辑，从古道尔、加尔迪卡斯等一批女科学家的田野观察中或许能窥测到"爱情"与"婚姻"最初的平衡点。黑猿、褐猿、大猿是现存的三种大型类人猿。据加尔迪卡斯的观察，褐猿在交配时绝对不会允许另一雄性褐猿在场，虽然未成年褐猿经常三五成群地活动，但群体关系并不密切。大猿一般由一头年长的雄性大猿领头，带领若干头雌性大猿和它们的后代以及一两头年轻雄性大猿组成群体，领头大猿同样不能容忍其他雄性大猿对雌性大猿的占有权，据说曾发现过一个由5头成年雄性"光棍"大猿组成的猿群。黑猿的情况却完全不同，据古道尔对黑猿群的观察，雌性黑猿可以与雄性黑猿顺次交配，雄性黑猿之间没有发生为了争偶而搏斗的现象，相互之间颇能容忍。雌性黑猿率领其幼崽构成了猿群的"核心"，其中为首的雌性常具有权威性，连年轻的雄性个体都服从它的支配。正是这种和平相处的气氛，使黑猿得以形成拥有上百成员的大群体。

有关类人猿的田野报告似乎表明：雄性猿之间的相互容忍是构成稳定、强有力的高进化水平猿群的前提条件。这一弥漫着原始山野味道的结论其实和现代人类学学者们许多充斥书斋味道的论断殊途同归。法国人类学家比尔基埃等人编纂的《家庭史》在开卷就明确提出"家庭"是"天性与文化之间的妥协"："如果每一个生物性家庭都形成一个封闭的世界自行繁衍，社会就无法存在。"

关于人类婚姻的历史，曾有两种对立的理论。一种理论以美国人类学家摩根为代表，认为人类婚姻曾经历过自低等向高等进化的几个阶段：始自乱婚，继为群婚，最后以一夫一妻制为婚姻本身进化的终极形态。另一种理论以芬兰人类学家韦斯特马克为代表，认为人类从古至今都实行着一夫一妻制，甚至将该制度的诞生提前到了高等猿群出现时期。韦斯特马克1891年的著作《人类婚姻史》的主旨即在于论证一夫一妻制家庭的古老性和永恒性，同时提出婚姻起源于家庭，而不是家庭起源于婚姻的论断。

韦斯特马克又被称为"第一位达尔文式社会学家"，他根据达尔文的观点提出："盛行于类人猿和现代人类各种族中的男性嫉妒足以构成一个强有力的、确定无疑的证据，证明男性嫉妒在人类早期也是存在的，而这将使乱交说失去立足之地。"

韦斯特马克对于嫉妒心在维持一夫一妻制时的作用的过分强

调经常为后人所质疑，司汤达在《论爱情》中创造出"嫉妒之爱"却被视为风雅流传至今。假如真有在遥远的天际之外冷眼旁观人类的外星人，也许在他们看来，"爱情"不过是人类身上某种无关婚姻的返祖现象。

与爱无关的
爱之天使

知识不曾成就的，由爱来完成。

凯鲁比诺

21 世纪的法国学者布洛涅在《西方婚姻史》的引言中写道："如果说婚姻在其他文明中有神圣性、由神祇主宰，犹太基督教文明的特点就似乎是把婚姻的起源完全归为神意，而不是一种开化行为。"

布洛涅认为"这件事在婚姻史上并非没有重要意义"，"只承认一种类型的婚姻，只承认可以通过唯——种仪式把这种婚姻具体化是一项重要革新。强调夫妻之爱是仿照基督对教众之爱的圣事仪式，由此而来的婚姻不可分离是一件史无前例的事，我们至今也还没有从这种观念中完全解脱出来"。

尽管凯鲁比诺的问题在世界各地都存在，深受基督教原罪理念影响的欧洲人显然是在理论与实践上都对这个天人问题做过最多穷尽智识乃至自欺欺人到悲壮的尝试。在舞台上"心中翻腾不定"的少年凯鲁比诺被后人视为"情窦初开"的爱情典型，然而"凯鲁比诺"（Cherubino）这个名字本身就暗藏着一些与爱情无关的吊诡含义。

"Cherubino"源自"cherub"，"cherub"如今常让人想起拉斐尔笔下那些簇拥着圣母的小天使乃至象征爱情的丘比特（Cubid），而且事实上早在莫扎特的年代之前，"cherub"已经被默认为"小天使"的通称。然而，它的本意却与"可爱"或"爱情"相去甚远，反倒隐藏着"原罪"的味道，显示出西方世界在爱情问题上的纠结来源。

智天使

除去"基路伯""革鲁宾""赫鲁宾"等音译外，"cherub"有一个普遍认可的中文意译名称"智天使"，属基督教中天使之列。"天使"（angel）本身的名称源自希腊文"angelos"，意为"使者"。无论后世绘画或雕塑中智天使们的形象与丘比特有多接近，古罗马神话中的丘比特毕竟自己就是神祇而不是旁人的使者，此间的阶差本身就暗示了"爱情"地位的变迁。

尽管为避免"偶像崇拜"之嫌而极力淡化天使的形象，中世纪期间罗马教会仍认可了依据阿奎那的《神学总论》乃至伪狄奥尼修斯的《天阶序论》创建的一套天使的阶位体系。这套体系将天使分为三级九等，智天使在其中位列"上三级"的第二位，仅次于最高级的"炽天使"。依照《天阶序论》中的说法，上级天使都立于上帝四周，本身无形无体，与上帝直接沟通，只有"下凡"时才会以某种具象化身出现。

/ 15 世纪意大利画家彼埃特罗·万努奇绘制的油画《永恒的祝福》。天使本身无形无体，只有"下凡"时才会以某种具象化身出现 /

/ 大天使米迦勒 /

由于"相由心生"之类与东方类似的理念，上级天使们在化身芜杂之外还经常与下三级天使团中人们熟知的米迦勒、加百列、拉斐尔、乌利尔等"大天使"混淆。追根溯源，炽天使和智天使的形象都来自中东两河流域。然而，与如今东方，尤其是相对于欧洲来说的远东地区人们所经常误会的杨柳青年画式天使形象截然不同，炽天使和智天使若现身于凡人面前，往往是多翼多首的毕加索式立体派形象，而且仿佛并不总是和善的。

《以诺书》是早期犹太教激进派艾赛尼派的主要经书之一，记载了亚当第七代孙以诺在大洪水之前与上帝同行 300 年间所见的异象。尽管公元 4 世纪后被罗马教会视为伪经，书中对天使们的详尽描写仍流传至今。

在《以诺书》中，炽天使被描绘为燃烧的巨龙（drakones），这似乎解释了其名称"seraph"中"seraphim"（燃烧）与"serpent"（巨蛇）的血缘。《天阶序论》中则将炽天使进行了更为"神性化"的重新定义：六翼二首，"面庞为红色，躯体是火焰，长有六只羽翼，其中两只覆盖脸，两只覆盖脚，另外两只用于飞翔"。

智天使在《以诺书》中的形象被认为与亚述人的牛身人面有翼神兽乃至希腊神话中的狮鹫或斯芬克斯同源，时至中世纪也获得了与炽天使类似的哪吒造型。不同的是，智天使四翼四首，拥有牛、鹰、狮、人四张令人想起福音书的面孔。此外，智天使翼下有手，足下有火轮，更重要的是全身布满了眼睛。

在《以西结书》中，智天使是以"上帝的战车"形象出现的。直至 1420 年前后，意大利画家多那太罗将拉丁文化传统中的小男孩（putto）形象与广义上的天使相对应，智天使才开始逐渐被"萌化"。18 世纪初，西班牙画家提埃坡罗笔下那些有着孩童的头部外加翅膀的小天使逐渐被教会指定为"基路伯天童"的形貌，至此智天使完成了自己的"逆生长"。

17 世纪末，意大利雕刻家贝尼尼在《圣特雷莎的沉迷》中将一支与丘比特的武器相似的金箭放在一个"putto"扮相的天使手中。在现代人看来，原本全身布满眼睛的智天使就此开始转变为

/ 17 世纪末，意大利雕刻家贝尼尼的作品《圣特蕾莎的沉迷》/

"爱情是盲目的"这一俗谚代言人。

然而在当世人看来，自身就有浪子之名的贝尼尼有些放肆地玩了场"爱"的理念的双关游戏。特蕾莎原本是 16 世纪西班牙的一名修女，她自幼罹患癫痫，据说每当病发时就会在昏迷中看到种种幻象，醒来后再将其详细记述。

特蕾莎的自述原本是在民间流传的"勾魂摄魄"的畅销书，自 17 世纪特蕾莎被封圣后获得了别样的神圣味道。贝尼尼的雕塑再现了书中的这段幻象："这支箭已刺穿了我的心，当他把箭抽出时，我感到无限的痛苦和甜蜜，我想把这种痛苦永远地继续下去。"贝尼尼的处理手法赋予这一题材明显的"现代风味"，但在中世纪经院神学的定义里，令圣特蕾莎沉迷或狂喜的金箭代表的是"上帝之爱"，无关"异教神"丘比特所代表的"人间之爱"。

炽天使

在天使阶位中，与"上帝之爱"直接相关的是位处最高级的炽天使。中世纪经院神学家们认为，上级天使的称号都表明了各自与上帝本质的相似之处。炽天使本名意为"造热者""传热者"，以炽热的火焰为象征，是神殿的管理者，由于完全理解了上帝的慈爱而以这爱和理解欣喜地燃烧自己，同时不停地唱着圣歌。弥撒中经常出现的《圣哉经》便典出《以赛亚书》中记载的那些三呼"圣哉"的炽天使。14 世纪佛兰德斯的神秘主义者扬·范·雷斯堡曾宣称："炽天使不直接过问人间的种种不道德，只有在安息之中、在上帝的无尽的爱中，炽天使才与我们同在。"

相比之下，智天使与凡人的交往远为密切。智天使本名意为"仲裁者""知识"。《天阶序论》中将智天使形容为"具有直接凝视上帝之光芒的能力，可以不动情地、纯洁而开放地接受来自上帝的光照"，代表着认知和看见上帝的力量。

智天使是在《圣经》中最早出现的天使，但与后世错讹而成的"月老"形象不同，他首次亮相是以"伊甸园守护者"的身份出现的：智天使奉上帝之命将偷尝禁果的亚当、夏娃赶出伊甸园，并成为"生命之树"的守卫者。倘若说亚当在夏娃诞生时那句"骨中的骨、肉中的肉"更富于恋人絮语的味道，两人偷吃禁果后上帝的训斥则直白无误地将亚当与夏娃的关系定义为一场婚姻："你必恋慕你丈夫，你丈夫必管辖你。"莫扎特舞台上的凯鲁比诺在疑惑"爱情是什么"，生命之树边的智天使"基路伯"却很明白：上帝照看下的爱情留存在伊甸园中，伊甸园外的人类只享有婚姻。

公元 7—9 世纪的伪经《亚当的战斗》中对这场婚姻有更为详尽的后续描写。亚当和夏娃被逐出伊甸园以后，为避免亚当"抵御不了撒旦的攻击"、落入两性关系的陷阱，上帝决定赶紧让他们成婚。此次上帝派遣了炽天使并为亚当带去了黄金和乳香。在炽天使的安排下，亚当把黄金和乳香郑重其事地交给了夏娃。在西方传统中，乳香一直与祭祀、圣事相关。古埃及和古罗马的祭司曾大量使用乳香在神庙中制造异香缭绕的神秘气氛，乳香也是犹

/ 17 世纪意大利画家卢卡·焦尔达诺描绘的亚当和夏娃被逐出伊甸园 /

太教圣殿中所燃的香料之一，现今天主教的重要弥撒中仍常用到乳香。《旧约》前五卷中经常提到乳香，《马太福音》中去伯利恒朝圣耶稣的东方三贤士携带的礼物正是黄金、乳香。如此之多的宗教含义自然使亚当与夏娃的这场婚礼成为一桩宗教圣事。

　　据说亚当与夏娃是以两只右手相击的方式正式确立了婚姻关系，但享受婚姻之前他们还必须斋戒祈祷 40 天，最终礼成是在失乐园后的第 7 个月零 13 天。《亚当的战斗》的作者写道："撒旦反对亚当和夏娃的战斗，就这样结束。"身处 21 世纪的布洛涅对这个故事的评价是："以性为天然武器的魔鬼撒旦似乎在婚姻出现之后就已经被彻底打败。从此以后，亚当和夏娃开始联合起来抵抗魔鬼的攻击。"

尽管是不被收入正典的伪经，但这个故事似乎仍受到一些中世纪学者的青睐，曾被收入 12 世纪一部关于婚姻起源的著作中。故事中由象征"上帝无尽的爱"的炽天使张罗这场婚姻显然很符合 12 世纪的口味：炽天使恰好可以与智天使相对应，所谓"知识不曾成就的，由爱来完成"。

姻与礼

文 / 王星

虽然只有一字之差，"婚礼"和"婚姻"在汉语中确实具有不同的含义。"婚礼"意指涉及婚嫁的礼仪，而"婚姻"指的是婚嫁本身。

"暧昧"的标题

有人曾依照《旧约》中的经文推算出亚当被造于公元前4229年，那么他与夏娃的婚礼应当也在这个年份前后。距亚当与夏娃的婚礼大约6015年后，当莫扎特的凯鲁比诺吟唱自己的小情歌时，舞台上也正在热热闹闹地筹备着一场婚礼。凯鲁比诺只是这部涉及婚礼的戏剧里的一个小角色，新郎不是凯鲁比诺，新娘也不是凯鲁比诺情歌中的暗恋对象。婚礼原本是情歌理想的背景，但全剧更多的是背叛、报复、契约、诉讼。与守护他的名字的无所不知的智天使恰好相反，凯鲁比诺似乎是剧中真正在一无所知地单纯谈情说爱的唯一一人。

假如仔细考据，婚礼与爱情之间似乎理所应当但又纠缠不清的亲疏关系甚至体现在这出戏剧"暧昧"的标题上。这部原本出自18世纪法国剧作家博马舍之笔的名剧有个毫不暧昧的标题：《疯狂一日》。其另一个标题其实更加家喻户晓，但在不同语言间译名的细微差别却显露出一个事实：即便是在基督教影响下的欧洲，不同地区对"婚嫁"的看法仍然有所差异。

这些差异甚至波及200多年后的汉语译名。第一个译本出现在1941年，标题被译为《费嘉乐的结婚》。在1957年修订重印时，译者吴达元将标题改译为《费加罗的婚姻》，1962年出版的《博马舍戏剧二种》收入本剧时他再次将标题修改为《费加罗的婚礼》。

虽然只有一字之差，"婚礼"和"婚姻"在汉语中确实具有不同的含义。"婚礼"意指涉及婚嫁的礼仪，而"婚姻"指的是婚嫁本身。《礼记·昏义》有言："昏礼者，将合二姓之好，上以事宗庙，而下以继后世也。"更重要的是，"婚姻"在中国传统意义上还涵盖"有婚姻关系的亲戚"，正如《尔雅·释亲》阐释："婿之父为姻，妇之父为婚……妇之父母，婿之父母，相谓为婚姻。"《史记》中刘邦可以在鸿门宴上口是心非地与项伯"奉卮酒为寿，约为婚姻"，《新五代史》里耶律德光为赵延寿娶永安公主时，太妃可是实实在在地"至京师主婚礼"。

《费加罗的婚礼》是目前在中国更常见的译名，但追根溯源，

　幸福的出路

博马舍1778年完成的这部五幕"浪漫喜剧"的原标题之一是"Le Mariage de Figaro",更接近"费加罗的婚姻"。1784年在伦敦考文特花园的皇家剧院上演时,其英语译名也是几乎字对字翻译的"The Marriage of Figaro"。从"婚姻"到"婚礼"的质变发生在1786年,当时奥地利哈布斯堡王朝约瑟夫二世的宫廷剧作家达·庞蒂将它改写为四幕喜歌剧。达·庞蒂本人为意大利裔,歌剧在语言上也跟随当时的潮流选择了意大利语,全剧的副标题因循了"疯狂一日",主标题却陡然变成了"Le Nozze di Figaro"(费加罗的婚礼)。1790年在柏林上演德语版时,主标题延续了"婚礼"的血脉"Die Hochzeit des Figaro"。似乎出于某种考虑,1793年3月在巴黎上演的法语版同样使用了"婚礼"的概念:"Les Noces de Figaro"。

　　法语版标题的改变或许并不只是为了与博马舍的原作有所区别。据史料记载,博马舍的《费加罗的婚姻》从剧本完成到正式公演相距6年。1781年剧本就已经被法兰西喜剧院接受,但因没通过审查而被搁置。经过修改的剧本1783年已经获得法国国王路易十六的认可,在一场宫廷内部演出中,王后玛丽-安托瓦内特甚至客串了剧中伯爵夫人的角色。但审查委员会的否决意见使该剧直至1784年4月27日才在奥德翁剧院首演,并将"疯狂一日"用作主标题,如今耳熟能详的"费加罗的婚礼"只是副标题,与1786年5月1日上演的歌剧完全相反。

一部似乎无害的歌剧

《费加罗的婚姻》是博马舍的"费加罗三部曲"中的第二部，曾被 1789 年法国大革命期间的热门人物丹东称为"贵族阶层的终结者"，拿破仑也称它为"法国革命的始肇者"。当年路易十六对这部戏剧有所忌惮不是完全没有道理，但正如美国历史学家亨特 1984 年在《法国大革命中的政治、文化和阶级》中所言，1784 年 50% 的法国作家已经为专业作家，文学市场或作家本身不再受到赞助人的限制，"当时的国王也无法采取措施过滤敏感词"，"宪法""公民""平等""自由"等词语成为普通公众的口头禅。博马舍的《费加罗的婚姻》公演后又连续上演了 68 场，成为 18 世纪法国票房最高的戏剧。

与许多通俗传记中的记载相反，据音乐学者布罗德考证，约瑟夫二世并没有阻挠歌剧《费加罗的婚礼》的创作，相反，在莫扎特有意谱曲之前，这位终身致力于改革却郁郁不得志的皇帝早已许可了达·庞蒂的脚本。《费加罗的婚礼》公演后在 1786 年只上演了 8 场，与日后一年内就上演了 100 场的《魔笛》完全不可同日而语。

不过，对于身兼城堡剧院经营者角色的约瑟夫二世来说，对演出场次的控制似乎更多出于商业而非政治上的考虑，因为在 1789 年 7 月法国大革命爆发后，歌剧《费加罗的婚礼》反而再度迎来了上演的浪潮：两年间公演了 28 场，其中有 15 场甚至是在

/ 歌剧《费加罗的婚礼》剧照 /

1790 年 2 月约瑟夫二世去世、号称"法国大革命最顽固的反对者"
利奥波德二世继位之后。1793 年 1 月 21 日，法语版的《费加罗
的婚礼》在巴黎公演前两个月，法国国王路易十六被送上断头台。
1791 年 2 月，奥地利等国开始对法国进行武装干涉；3 月底，奥
军击败法军直逼巴黎，但这似乎并未影响《费加罗的婚礼》这部
来自"敌对国"的作品在巴黎歌剧院上演。

从一部带有革命味道的戏剧到一部似乎无害的歌剧，两部剧
本的差别并不只在于幕次的减少，或是以"快乐来自伸出手拥抱
冤仇"这样的合唱取代了"贵人长戚戚"这样的嘲讽。标题的更
换并非只是文字游戏，如同在汉语里一样，"婚姻"到"婚礼"的
用词变化本身已经带来了概念转化，将潜藏威胁的家庭伦理论争
装扮成一场爱情玩笑。

现代西方婚姻家庭法有三个主要渊源：罗马法、日耳曼法、教会法。欧洲各种语言中对于"婚姻"以及"婚礼"的不同称谓可被视为这三种法律的源起与接受史的语源学标本。自从有伊甸园的律法开始，"婚姻"在欧洲历史上原本就是一个以伦理与仪式度量爱情的问题，这三种法律都曾经以自己的方式主宰婚嫁并定义爱情，留下"mariage""nozze""hochzeit"等貌似都与"婚姻"有关的词语，但其中"爱情"的比重并不一致。

父权监管下的婚姻

文/王星

在欧洲历史上,《法学阶梯》第一次将"爱情"以法律的形式与"婚姻"达成契约,即便此后曾有反复,基于"双方同意"的"合意"原则已然成为缔造婚姻的必要前提。

以法律征服世界

19 世纪德国法学家耶林(Rudolf von Jhering)在《罗马法的精神》中感慨:"罗马曾三次征服世界:第一次以武力,第二次以宗教,第三次以法律。"

"罗马法"在狭义上是罗马共和国及罗马帝国所制定的法律规范的总称,它源自公元前 449 年的《十二铜表法》,系统推广开始于东罗马帝国时期,于公元 6 世纪查士丁尼一世统治时期达到鼎盛。西罗马帝国灭亡后，罗马法的主体在西欧一度失传超过600年之久。

12世纪初，查士丁尼一世组织编纂的《国法大全》抄本在意大利北部被发现，以伊纳留为代表的一批学者开始尝试以中世纪流行的经文注释方法研究罗马法。这批学者后来被称为"注释法学派"，他们为教习罗马法而在博洛尼亚设立的法律专科学校后来成为欧洲最早的大学。

欧洲大陆由此掀起了研究、应用罗马法的高潮，史称"罗马法复兴"，与文艺复兴、宗教改革并称为"欧洲三大思想运动"或"三R现象"。博洛尼亚大学有"万校之母"之称，罗马法也堪称"万法之母"。欧洲大陆的法律基本上都以罗马法为仿效对象，进而形成了欧陆法系的雏形。这一法系被称为"公共法"或者"民法"，被视为整个欧洲文明共有的财富，也成为现今广义上的罗马法。

狭义上的罗马法几乎完全不涉及行政法或者刑法问题，但对所有权、债权、婚姻家庭与继承等私法方面的规范极其详尽。古罗马人相信自己是特洛伊主将之一埃涅阿斯的后代，而埃涅阿斯是爱神的后代，由此衍生出的另外两个信念是：罗马人的英勇源于先天的遗传，同时没有其他民族能像罗马人那样热衷于追求爱情。尽管如此，罗马人在婚姻制度上的管理可远严格于爱神还被称为"阿佛洛狄忒"的时期。

柏拉图在《会饮篇》中说："我们本来是完整的，而我们现在正在企盼和追随这种原初的完整性，这就是所谓的爱情。"如此浪漫的阐释在实际操作上却有些暴力。古希腊作家阿忒纳乌斯的《欢宴的智者》中明确记载："在雅典，刻克洛普斯第一次实行一夫一妻制；而在他出任国王之前，婚姻关系十分松散，男女滥交现象非常普遍。正是因为如此，有人才认为他有双重天性。在此之前，人们根本不知道谁是自己的父亲，因为他们的父亲不可胜数。"

希腊的婚姻制度残留很多原始社会色彩。例如在斯巴达等城邦中兄弟可以共有一个妻子，男子还可以要求共享朋友之妻。如果丈夫失去了性能力，必须邀请年轻力壮的人代他生育后代。由于人口过于稀少，古希腊对于娶妻纳妾几乎完全持放任态度。那位"促使千帆齐发"的美女海伦在被爱神眷顾的特洛伊王子帕里斯抢夺之前，早已被另一位大英雄忒修斯诱拐过。《阿提卡史》第十四卷中列出了一份与忒修斯有染的女人清单。作者斐洛考鲁斯强调："成为忒修斯的妻妾的女人，一部分是因为爱他，一部分是因为遭到了他的强奸，只有一位是因为与他有合法的婚约。"

然而，对于罗马人来说，"婚约"作为"契约"的一种，对于婚姻是至关重要的。现代法律中的契约概念就来源于罗马法中的"合意"（consensus）规定。罗马法首次提出了契约和侵权行为的不同之处，而之前契约的不履行只被简单地视为一种侵权；与此相关，罗马法还提出了占有（一种事实状态）与所有权（一种权利）的区别，这一区别甚至将影响到婚姻的认定。罗马法中大量关于宗教的规定在现今看来仿佛鸡肋，对于当时的人们来说却是立法的根本。在以多神教信仰为原则组建起来的罗马城邦中，宗教被视为神与人之间的契约。

罗马制定法律一方面是为了规范人们的行为，另一方面是为了维护与神的和平。理论上有"神法"（fas）管辖人与神的关系，另有世俗的"制定法"（ius）调节市民们在世俗领域的关系，但事实上罗马王执政时期实施的是宗教、法律和道德三体合一的"fas-ius"融合法。罗马王作为城邦大祭司掌控着整个城邦的立法权与

/ 鲁本斯绘制的大型连环历史画《玛丽·德·美第奇的生涯》中的一幅，画中记录了神圣罗马帝国皇帝亨利四世与玛丽从肖像相亲到婚礼完成的全过程 /

解释权，市民家庭中的家父同样作为家族的祭司长获得了对家族成员和家产的绝对支配权。

这种从家族宗教中生成的家父权的支配力显然会扩展到以延续子嗣为目的的婚姻问题上，进入罗马共和国时代后也未改变。公元3世纪的法学家莫德斯丁给婚姻下的定义即是："婚姻是一夫一妻的终身结合，生活各个方面的结合，神法和人法的结合。"

有夫权婚姻

在这种婚姻目的的支配下，古罗马早期实行的是"有夫权婚姻"（matrimonium cum manu）。"cum manu"的字面意思是"携手"，新娘的父亲会在婚礼上把新娘的手交给新郎，意味着将父权交给了丈夫，丈夫变成了妻子的监护人，新娘出嫁后即完全与娘家脱离法律上的亲属关系，加入夫方家族。

罗马亲属法认为：处于夫权之下的妻子在家中仅具有与女儿类似的法律地位，甚至会如同被收养人一样发生"人格削减"等权利丧失状况，丈夫对妻子享有惩戒权等诸多权力，妻子的嫁资也归其夫所有。妇女结婚后同样会断绝与娘家家族宗教的一切联系，改祭夫家的祖先，以夫家的亲属为亲属。

有夫权的婚姻同时带来了宗教信仰的变更，正如法国历史学家德·库郎热在1864年的著作《古代城邦》中所言："在古代的希腊罗马社会中，夫妇的结合并非基于情感，而是基于同一崇祀、同一信仰。""在宗教上和法律上，结婚的结果是由两个有共同宗教的人结合起来，以产生一个第三者，以永传其宗教。也就是说，婚姻是为家族的永久继续而结合的。"

为避免近亲结婚，罗马使用了上溯到共同祖先的办法计算亲等并限制一定亲等范围内的人员彼此通婚。父母与子女之间是一等亲，祖父母与孙子女之间是二等亲；旁系血亲则由自己往上数至双方共同的直系亲属即同源人，每经一代加一亲等，因此兄弟姊妹为二等亲，叔侄与舅甥为三等亲。

罗马法意义上的"婚姻"同样涉及两个家庭，但在姻亲方面与中国传统上对"姻"的理解不同：配偶的血亲须遵从其配偶的亲等，例如岳父母为妻子的直系血亲一等亲，也是丈夫的直系姻亲一等亲；配偶血亲的配偶同样遵从其配偶的亲等，例如妯娌即以丈夫的兄弟与丈夫的亲等计算，为旁系姻亲二等亲。罗马人将"乱伦"的范围限制到叔伯和姑姨。无论实际执行效果如何，罗马的亲等计算法流传至今，是目前国际上通用的亲等计算方法。

"婚姻"终究要以"婚礼"的方式呈现，在这一点上西方具有和东方类似的对于"礼不行则上下昏"的信念。在罗马共和时期，有夫权婚姻的缔结主要有三种形式，最简单，也最具原始意味的是"时效婚"（usus），丈夫或者丈夫的家父因某一妇女与其丈夫连续同居一年而取得对该妇女的夫权。这实际上是罗马法中所有权"时效取得"制度在家庭婚姻关系中的适用，也即将女子视为动产，对其"占有使用"一定时间便取得所有权。"usus"一词本身就意味着"使用权""时效"。

在罗马人建城初期抢夺萨宾人的女子为妻时，为使婚姻合法化，以时效婚的形式承认这样的"事实婚姻"是必要的。在涉及婚嫁这类"自然问题"时，拥有爱琴海文明的罗马人并不比太平洋上的美拉尼西亚部落居民想得更加复杂，后者简单地宣称："婚姻的目的就是弄到内弟，结果只能到征战对手的部落里去讨老婆。"《家庭史》中对此评价为："一些所谓原始部族人用明确的语句道出的理论，在西方社会的贵族家庭和王族家庭中，依然极为活生生地存在，这些家庭的联姻政策为这一理论提供了无数的例证。"

平民中最经常使用的是"买卖婚"（coemptio），以"要式买卖"（mancipatio）的方式达成父权与夫权的转换与交接，这也是"有夫权婚姻"又名"要式婚姻"的由来。"mancipatio"由"手"（manus）和"取"（capere）两层意思合成，是罗马最古老、最典型的即时移转所有权方式，早在《十二铜表法》以前即已成为惯例。

关于要式买卖的具体程序，罗马帝国早期法学家盖尤斯曾做过形象的描述："使用不少于五人的成年罗马市民作证人，另外有一名具有同样身份的人手持一把铜秤，他被称为'司称'。买主手持铜牌说：'我根据罗马法说这个人是我的，我用这块铜和这把秤将他买下。'然后他用铜敲秤，并将铜块交给卖主，好似支付价金。"盖尤斯在这里提到的标的物是奴隶，故而称"这个人"。这种程序和套语只是一种形式，标的物的交付和价金的支付另外进行，铜块也只是被当作价金的象征物，但当时的罗马人非常看重这一仪式，并不认为将它与婚姻相联系有何不妥。

在罗马共和国早期物资匮乏之时，"买卖婚"更被视为一种真诚而务实的婚姻仪式。在20世纪以列维-斯特劳斯为代表的人类学家看来，这种婚姻补偿机制符合人类最原始的"有来有往"式婚姻交易体系，而且未必无关爱情。不过，在以"聘礼"形式存在的"新娘身价"补偿体系中，由男方家庭以劳役、实物或金钱的形式支付给女方家庭一笔补偿，"某种程度上，这可以保证回来一个女性配偶，因为让出了自己的姐妹或女儿而收到这笔补偿的兄弟或父亲，可以（甚至应该）立即将其投资进去，以便为自己或儿子找到一个配偶"；但在罗马特有的"嫁资"体系中，则是父系家族要给予一定的嫁资，一是对女儿出嫁后与父系家族脱离关系的一种补偿，二是对结婚后男方因照顾女儿所增加的生活负担给予一定补偿。女儿出嫁必须有嫁妆，开始这只是一种习俗，后来则变成了一种法律规定，罗马法中有许多这样的阐述："女性要有完整的嫁资方能结婚，这是符合国家利益的"；"哪里有婚姻的重荷哪里就有嫁资"。

在年代顺序上，"时效婚"和"买卖婚"首先出现，然后才是最隆重也最神圣的"共食婚"（confarreatio）。由于仪式繁杂、耗资不菲，共食婚往往只有贵族家庭才会举行。共食婚与买卖婚同样需要婚约与婚礼上的誓言，最重要的差异是用更具宗教意味的斯

/ 多梅尼哥·基尔兰达约画作《新娘的嫁妆》中新郎为新娘戴戒指 /

佩尔特小麦糕饼替换铜块作为见证。婚礼前将糕饼供奉于罗马主神朱庇特神位前，以 10 名以上证人和僧侣为监仪而不是"司称"，新郎和新娘依照一定规程宣告婚誓并共食糕饼，仪式完成后婚姻关系遂成立。

无夫权婚姻

在家父权的鼎盛时期，7 岁以上的孩子就可以订婚，即便儿子有自己心仪的对象，父亲有权坚持让儿子娶不中意的女子为妻。古罗马法甚至赋予父亲对儿子婚姻的否决权和离婚权，儿子不得拒绝或反对。

然而，当罗马进入共和末期后，随着罗马原有多神教的衰落和罗马公民身份的逐步开放，罗马法中一直孜孜以求的与契约相关的"合意"概念逐步占据统治地位。公元前 3 世纪中叶以前，罗马法的适用范围仅限于罗马公民，被称为"公民法"（jus civile）。时至共和末年，罗马公民身份的授予已经扩及整个意大利地区，公民法不足以解决新出现的各种复杂的问题，因而逐渐形成了普遍适用于罗马统治范围内一切自由民的法律，"万民法"（jus gentium）就此诞生。

跟随万民法应运而生的是"无夫权婚姻"（matrimonium sine manu）。"无夫权婚姻"又被称为"略式婚姻"。罗马法根据转让形式的区别，将物分为要式物（res mancipi）和略式物（res nec mancipi）。这一区分为罗马法所独有。依照盖尤斯的定义，"要式物"主要包括公民拥有的土地、房屋、奴隶、可用来牵引或负重的牲畜、乡村地役权等，除此之外的其他物品均因"公共"（nec）这一点差别而被定义为"略式物"。

在无夫权婚姻制度下，女方婚后不脱离娘家，在娘家法律上的地位完全与未结婚前相同：她既是娘家的成员，同时也受丈夫家父权的支配。不过此时家父权已被极大削弱，早期罗马法规定家中子女担任神职即脱离家父权，到万民法时期，僧侣、教士、裁判官、皇室顾问等均可脱离家父权，而且家父如果抛弃婴儿、强令家子与猛兽格斗或使子女卖淫都要丧失家父权。

在罗马帝国后期，嫁资已变成妻子带到夫家贴补家用的财产，而不再是单纯的赠予，由此逐渐形成了在婚姻关系解除后丈夫承担返还嫁资义务的制度，女方同时也陆续拥有了离婚权、遗嘱权、子女监护权等权利。尽管"嫁资"一词后来逐渐消亡，但罗马法中由嫁资所体现的夫妻财产分离制度一直保存到现代。更重要的是，作为婚姻仪式的婚礼本身也发生了质变，"郁郁乎文哉"的时代一度远逝。

在古罗马的帝国时期，不必说烦琐的共食婚，时效婚与买卖婚也从仪式上就已衰败。后者是因为"要式买卖"这一烦琐的所有权移转方式本身已经逐渐被其他方式取代，在查士丁尼一世时期被明令废止。前者则是因为"姘合"的流行已经不需要如此遮遮掩掩。

罗马帝国时期的"姘"并没有中国秦朝李斯《仓颉篇》中"男女私合曰姘"那么强烈的贬义，而是所谓"法不容情"产生的意想不到的结果。当时主要基于四种原因：大量外国人不具有公民法意义上的婚姻权，所以选择姘合；不同阶层（如元老院子孙和操贱业者）之间被限制通婚，被迫选择姘合；法律要求女方有嫁资，后期甚至要求男方有婚娶赠予，迫于经济拮据的男女往往采取姘合；地方议会议员苦于沉重的征税任务，希望避免子孙世袭，故而选择姘合。

自由人和女奴的婚姻也是无效婚姻。至于奴隶之间的结合，只被看作一种"同住一顶帐篷的伙伴关系"，甚至双方不被称为

/ 萨宾人和罗马人同为古罗马文明的创立者，罗马最早的 300 名元老中即有 100 名来自萨宾。罗马人和萨宾人之间曾冲突不断，相传有一次罗马人劫掠了大批萨宾妇女为妻，萨宾人进攻罗马进行报复，已为人妻人母的萨宾妇女苦劝丈夫与父兄和好，最终促成两个部族融合。图为反映这一主题的法国大革命时期画家大卫的画作《萨宾妇女》/

丈夫或妻子。在这种背景下，无夫权婚姻逐渐成为以"合意"为唯一必要条件的自由式婚姻，而且成为罗马帝国唯一适用的结婚方式。

自由式婚姻

查士丁尼一世的功绩并不只在于公元 528—534 年间组织编纂了由《法典》、《法学阶梯》、《学说汇纂》和《新律》四部分组成的《国法大全》，对于沉浸于世俗爱情中的人们来说，查士丁尼一世比公元 3 世纪的圣瓦伦丁更切实地赠送了一份礼物。

《法学阶梯》中重申："婚姻是一男一女以永久共同生活为目的的结合"；"如果没有当事人的同意，婚姻不能成立"；"为父者不法地禁止处于父权之下的子女的嫁娶，那么，子女有权通过行省执政官强迫为父者同意他们缔结婚姻和给予女儿以嫁资"；"任何人既不能被强迫缔结婚姻，也不能被强迫重新恢复一个业已离异的婚姻"；"任何一名男性经父母同意，或者没有父母时完全按照自己的愿望，只要双方有结婚的意愿，则婚姻有效"。尽管嫁资未给付，或者就嫁资未写任何文字依据，在这种情形下如同文件写成一样，婚姻是有效的。因为婚姻不是通过嫁资而是通过双方结婚的意愿所缔结。

在欧洲历史上，这是第一次将"爱情"以法律的形式与"婚姻"达成契约，即便此后曾有反复，基于"双方同意"的"合意"原则已然成为缔造婚姻的必要前提。

有夫权婚姻时代留下的三种婚礼没在词语上对后世的婚礼产生影响，《法学阶梯》中反复使用的"婚姻"（matrimonium）却很可能影响到了 1000 多年后的"费加罗的婚姻"。如今人们熟知的英语中的"marriage"或和费加罗更直接相关的法语版本"mariage"，究其起源在语源学上仍是个众说纷纭的公案，但很多线索已经指向"matrimonium"。

"matrimonium"通常被认为是"matris"和"munium"两个拉丁词的组合，前者意为"母亲""父母"，后者意为"任务""责任"，合称为"母亲的职责",显示出罗马法中"婚姻是在男女间创造合法子嗣的纽带"这一观念,甚至隐现出古希腊剧作家欧里庇得斯以"oikurema"(用来照管家务的物体)来称呼女性的味道。

"matrimonium"同样是意大利语"maritaggio"以及西班牙语"maridaje"的始祖,此外还有英语中关于"婚姻"更堂皇的说法、始见于14世纪前后的"matrimony"。英语里作为婚嫁之事动词的是"marry",据学者们猜测源自古法语"marier",而后者源自拉丁语"maritare"(成婚),意为"获得少女(mari)的"。

由于罗马法复兴后"matrimonium"在法律以及神学典籍上的广泛应用,该词在欧洲很快普及。在拉丁语族的国家中,"marriage"一族也因此都指示婚姻所需要的各种法律程序,带有某种神圣意味,用于形容"男女之间通过某种特定的结婚仪式而共度终生"始见于14世纪初,带有"婚誓、因婚礼而达成的正式誓约"含义则始见于14世纪末。在欧洲的语境中,以"matrimonium"为根基的"婚姻"即便无关"爱情",也绝对是比"婚礼"更加严肃的伦理事件。

以罗马法来看,用来证明"双方同意"的婚誓是"爱情"之外与"婚礼"最密切相关的。西班牙语沿用至今的"婚礼"(boda)仍来源于拉丁语"vota"(誓言),但同属拉丁语族的意大利语与法语却似乎焦点有所偏移。在那个词语以另一种方式丰富的年代,拉丁语甚至为婚礼的当事双方都准备了不同的说法:男性结婚使用"ducere uxorem",字面意思为带有罗马法味道的"引导妻子";

女性结婚则使用"nubere"，意为"蒙上面纱"。

古罗马与东方的犹太或伊斯兰世界谁先开始蒙面的传统？这或许又是个先有鸡还是先有蛋式的纠结问题。然而，如果考虑到古罗马海神尼普顿（Neptune）名称的起源，《旧约·创世记》中"容甚丽、尚为处子、未曾适人、临井汲水、盈瓶而上"的利百加初见以撒时"拿面纱蒙上脸"的场景似乎欠缺了一些爱情的浪漫。

与歌剧《费加罗的婚礼》相关的意大利语"nozze"或法语"noces"代表的"婚礼"都源自"noptiae"，后者是古典拉丁语"nuptiae"（婚礼）的俚俗化版本，在从"nuptiae"变化到"noptiae"的过程中受到了拉丁俚语中"novus"（新）的影响。"nuptiae"本身演变自"nubere"，与古希腊令人遐想的山林仙女宁芙（Nymphe）相关。宁芙自古希腊后是"bride"（新娘）或更直接的"nuptialis"（适婚少女）的代名词。

和潘神总纠缠不清的宁芙代表的世俗之爱回应了尼普顿名字的来历，古罗马学者瓦罗的著作将尼普顿的命名阐释为东方其实很易于理解的含义："云（nuptiae）与海的交融"。古罗马后期以你我相称的婚姻誓言"tu nubere me"绝非师出无名。

日耳曼式情婚

文 / 王星

日耳曼法以近似"抢婚"的方式冲入古典文明世界，在未来即将取得之前罗马法从来不曾梦想到的爱情主宰权，而它初期那些看似鄙俗的判例原则、属人原则以及团体本位思想，日后却将搭建出一张令整个基督教世界震惊的婚床。

情婚

在古罗马共和时期，无论是买卖婚还是共食婚，婚礼前还有一项重要的仪式：新郎和他的朋友们在约定的时刻突入新娘的房子，假装以暴力将新娘从她母亲或者（如果她母亲不能在场）她最亲近的女性亲戚的膝间夺走。民间对于这一习俗的解释又回归到"抢夺萨宾女人"事件，苏格兰人类学家麦克伦南在 1896 年出版的《原始婚姻》中将此引申为："象征性的抢劫发生在缔定某种婚姻契约之后……婚姻通过讨价还价商定，而偷窃和绑架随后作为认同的表现使婚姻有效……抢劫是协定的，并且有婚约在先。如果先无婚约，事情就是一件实际的绑架了。"

然而，在后来的日耳曼人看来，即便真的是"绑架"也没什么不可以，只要是以"爱情"的名义。布洛涅的《西方婚姻史》中记载："日耳曼人就是这样，他们的婚姻有两种类型，一种是由家庭决定的正式婚姻，伴有给新娘父亲或监护人的礼物，另一种是被称为'情婚'（mariage d'affection）的比较松散的结合。'情婚'是'体面的同居'，无须举行正式仪式，也无须父母参与。只要男女双方同意或者把女孩子抢到手，就算结婚了。这种结合所生的子女不是合法子女。但是，在某些日耳曼法律里，如果父亲愿意或者他没有别的继承人，这样的'私生子'就不会完全丧失继承权。各日耳曼国家的情况又有所不同，丹麦把私生子排除在继承之外，瑞典为了不能继承而给予私生子一些补偿；而在伦巴第，大概还有法兰克，私生子则有继承权……'情婚'并非就不稳定，双方彼此忠诚的程度提高以后，这种结合看起来就和正式婚姻一样。'情婚'中的妻子受法律保护：谁和她同床了，谁就得付给丈夫一笔赔偿金。在大家庭里，实行'情婚'似乎是为了让即将成年的小伙子耐下心来，先有个地位低的女人或女奴，再等着结一门更为称心如意的亲事。"

布洛涅所说的"某些日耳曼法律"日后将构成现代婚姻法的又一渊源，在当时则为罗马人带来了陌生而又颇为刺激的爱情观。公元 5 世纪日耳曼部落大举南迁，两度洗劫罗马并最终导致西罗马帝国灭亡，反客为主地入驻欧洲中部与意大利半岛。这种只因听闻"三秋桂子"便挥鞭南下的魄力与手腕几乎也赶得上一场"情婚"，而"抢婚"成功后这些日耳曼小伙子似乎也确实安静下来了。

20世纪的德国历史学者卡勒尔在《德意志人》中写道："当日耳曼诸部落带着其朴素而原始的野性征服土崩瓦解中的罗马帝国时，他们所遇到的是难以捉摸而又无法逃避的力量，这种对罗马名称的尊崇，成了日耳曼征服者对罗马和基督教的一切东西都怀着矛盾心理的根源：他们既要忠实于他们的日耳曼出身，又要忠实于他们获得的罗马的尊崇。""他们试图从令人羡慕的外国文化中寻找榜样，来抵消对那种混乱状态感到绝望的情绪。"

日耳曼法的确立

狭义概念上的日耳曼法就诞生在这样的背景下。公元5世纪末，以法兰克王国为代表的各个日耳曼人王国开始将过去不成文的习惯法编纂为法典，著名的有5世纪末西哥特王国的《欧里克法典》、5世纪末6世纪初法兰克王国的《萨利克法典》等，其中又以《萨利克法典》影响最为深远。

日耳曼人是征服者，但他们的母语暂时并没有成为法律领域的优势语言。这些法典大都用拉丁文写成，虽然使用了若干罗马法术语，但并没有规定社会成员所应遵守的一般规则，而只是记载了一些具体案件的判决。以《萨利克法典》为例，总共只有65章，与成熟的罗马法相比，这种近似约法三章的法典实在过于简陋。

当时谁也不会预想到，日耳曼人这种近似结绳记事的立法形式日后会发展出一个独立法系：基于判例法的海洋法系。假如说如今的大陆法系与罗马法在精神上一脉相承，以英美法为代表的海洋法系就更多地承接了日耳曼法的衣钵。大陆法系重视编写法典，每一个法律范畴的每一个细节都在法典里有明文规定；海洋法系则是判例之法而非制定之法，作为判例的先例对其后的案件具有法律约束力，成为日后法官审判的基本原则。

中国近代法学家李宜琛在《日耳曼法概说》中这样比较罗马法与日耳曼法："罗马当时商业发达、经济繁荣，有古代资本主义社会之称，所以支配当时的法律就形式说是严密精确，就内容说是主张意志自由、充满了个人主义的思想。日耳曼法的产生虽在罗马法之后，但因为是农业社会的法律规范，所以反映着前资本主义社会的精神，没有成文的法典，只有习惯的聚集，法律的内容也大都是支配、服从义务拘束的关系，不过可以说是富于团体本位的思想。"

恩格斯曾提出日耳曼法就是古代的马尔克法。"马尔克"（march）的原意是边界，后成为日耳曼人农村公社的名称。其主要特征是以地缘作为联系纽带，土地公有和私有并存：各户的耕地已转化为私有财产，但森林、牧场等仍归公社所有。公社成员彼此平等，他们定期集会，选举公职人员，制定大家共同遵守的法规，裁决公社成员间的纠纷。与其说当时入侵罗马的日耳曼人是一个国家，不如说是一个部落的联合体，各部落散落地分布在西罗马帝国的废墟上，按照早年习惯依公社组织定居。

日耳曼传统认为，统治者是人民的代表，他要受制于人民的意见，而且恒久的习惯是在日积月累中产生的，它绝不可能被国王创造，因此不允许国王破坏他们先前制定的法。排除征服者的虚荣与傲慢，这种顽固的传统恐怕也是当年日耳曼法必须存在的原因之一。

公元6世纪中期，东罗马皇帝查士丁尼一世出兵击溃东哥特王国，并将《国法大全》带回意大利。此后东罗马在意大利统治的核心地区直接使用罗马法。然而好景不长，公元6世纪末期，东罗马帝国对意大利中北部的统治又被新到来的一支日耳曼部落伦巴第人驱逐。建立伦巴第王国后，伦巴第人也编纂了自己的《伦巴第法令集》，执法时依照日耳曼惯例实行"属人"而非"属地"原则，即罗马法与日耳曼法并存。虽然同样是在罗马，但罗马人应用罗马法，日耳曼人应用日耳曼法。更准确地说，当时西欧的情况是：西哥特人、勃艮第人、伦巴第人、法兰克人、撒克逊人等部落的法律都与罗马法并存，但各部落法律原则上都只对本部落人具有效力。

风土适应

日耳曼人南下初期，不仅在同一个王国之内几种法律可以并存，而且几种类型的婚姻也可以并存，同一城市里可以建立不同类型、受不同类型的法律管辖的婚姻关系。关于日耳曼法为什么要使用如此烦琐的属人原则，孟德斯鸠在《论法的精神》中曾做过一番不失浪漫的分析："日耳曼的各部落被沼泽、河泊、森林分隔，甚至在恺撒的著作里还能看到，他们喜欢分居。当这些部族分开的时候，他们全都是自由、独立的；当他们混合的时候，他们仍然是独立的。无论分开还是混合，每个人都被按照本部落的习惯和风俗裁判。各族共有一个国家，但又各有自己的政府。在这些部族离开他们的家乡之前，他们的法律精神就已是属人的了，他们把属人法的精神又带到了他们的征服地。"

孟德斯鸠在《论法的精神》中以气候、风土区分不同地区人们气质的说法更加浪漫，只是常常自相矛盾，似乎并不那么具有"法的精神"。在情感问题上，他首先将"爱情"视为南方的强项："在北方的气候里，爱情在生理方面几乎没有力量让人感觉到它。在温暖的气候里，爱情带有成千种的附属物，有些东西乍一看来像是爱情，使人感到喜悦，但是这些东西并不是爱情本身。在更炎热的气候里，人们是为爱情本身而喜欢爱情。爱情是幸福的唯一泉源，爱情就是生命。"

但在随后的论述中，温暖的气候又成了南方式情欲的元凶："在南方的国家，人们的体格纤细、脆弱，但是感受性敏锐；他们或者是耽于一种在闺房中不断地产生而又平静下来的爱情，要不然就是耽于另外一种爱情，这种爱情给妇女以较大的自由，因而也易于发生无数的纠纷。在北方的国家，人们的体格健康魁伟，但是迟笨，他们对一切可以使精神焕发的东西都感到快乐，例如狩猎、旅行、战争和酒。你将在北方气候之下看到邪恶少、品德多、极诚恳而坦白的人民。当你走近南方国家的时候，你便将感到自己已完全离开了道德的边界；在那里，最强烈的情欲产生各种犯罪，每个人都企图占别人的一切便宜来放纵这些情欲。在气候温暖的国家，你将看到风尚不定的人民，邪恶和品德也一样地无常，因为气候的性质没有充分的决定性，不能把它们固定下来。"

无论孟德斯鸠的理论是否有理，来自北方的日耳曼部落在习俗与伦理观上显然需要一个风土适应的过程。尽管日耳曼部落是征服者，但简单的"蛮族"一词便足以令西罗马帝国废墟上识文断字的罗马人获得虽败犹荣的语言优越感。

同样，虽然如今在实际应用上大陆法系可以与海洋法系平起平坐，但"出身低微"的日耳曼法在法律史上总难免被罗马法乃至"罗马法复兴"的光芒衬托得黯然失色，以判例为基准的审判方法也渗透出游牧部落年代流动法庭的马鞭味道。

因循部落草莽习惯的日耳曼法曾派生出司法决斗、神明裁判等令人诟病的粗暴裁判制度，但即便不考虑它留下的"判例裁决"这一看似浅显、之前却无人敢于提出的司法体系，北方部落风格的粗犷与直白也使日耳曼法在婚姻问题上为爱情敞开了比"风尚不定"的南方人民敢于想象的更多的空间。

日耳曼法以近似"抢婚"的方式冲入古典文明世界，在未来即将取得之前罗马法从来不曾梦想到的爱情主宰权，而它初期那些看似鄙俗的判例原则、属人原则以及团体本位思想，日后却将搭建出一张令整个基督教世界震惊的婚床。

教会法典

不过，在公元 5 世纪末，日耳曼人的各王国还基本保持着与罗马"情婚"的蜜月期。各部落成功地赶走了罗马皇帝，却未想到还有一个更棘手的对手。公元 313 年，西罗马皇帝君士坦丁和东罗马皇帝李锡尼联合颁布了《米兰敕令》，给予基督教以合法地位。直至公元 337 年临终受洗，君士坦丁都不曾将基督教定为国教，但在他统治时期，信奉基督教成了晋升国家高级职位的一条捷径。君士坦丁时代之后，基督教的地位已不可动摇，终于在公元 392 年成为罗马帝国的国教。

教廷刚站稳脚跟一个世纪，却发现帝国的土地上换了一批脾气莫测、内部彼此意见经常不一致的新主人，颇似不巧赶上改朝换代的使节。公元 493 年，一场婚礼改变了罗马教廷与日耳曼人之间的关系。据《论法的精神》描述，由于同意大利毗邻，哥特人和勃艮第人征服的地区更好地保存了罗马法并乐于接受，在这些地区罗马法甚至已经成为属地法；法兰克人、撒克逊人的地区则相反，对罗马法的认同较差。因此，一场法兰克国王与勃艮第公主之间的联姻对于教会来说是幸运的。

更幸运的是，这位勃艮第公主克洛蒂尔达自幼在天主教环境中长大，她与国王结亲的经过也颇似一场王子救美的爱情故事。也许是"爱情"的力量造就了奇迹，公元496年的圣诞节，法兰克国王克洛维一世接受洗礼，皈依基督教。不过，施洗前罗马教廷不失时机地提出要求："接受基督教就必须接受罗马法，因为教会是根据罗马法生活的。"

克洛维一世履行了诺言，在公元507—511年间组织学者编纂了《萨利克法典》，将罗马法与日耳曼习惯法融合在一起。公元306年艾尔维拉会议召开后，基督教会已开始制定并公开发布具有法令效力的教令。此时距君士坦丁皈依还有31年，教令显然只对所有基督教社团具有权威性，为主教们提供了审理基督徒之间纠纷初步可依据的法律。

公元314年，君士坦丁在阿尔勒城召开的大型宗教会议确立非世俗意志是唯一合法的教会法规来源，正经、伪经、宗教会议颁布的教规构成了教会法典的主要渊源。公元496年，希腊修士小狄奥尼修斯应教皇邀请来到罗马，将此前的会议法令与教规编成《狄奥尼修斯汇编》，这成为西方拉丁教会法的基础。同年教皇格拉修斯一世提出"双剑论"：在基督那里，本来是君主、教主合为一体的，但基督深知人的弱点，便在尘世中将这两种职能分开，将两把剑一给君主，一给教主，并令他们互相提携。格拉修斯一世否定了之前罗马皇帝拥有"牧师—国王"双重身份的权力，提出国王在精神事务上服从主教，而主教在世俗事务上服从国王。西罗马帝国的灭亡为"教皇君主制"的形成提供了难得的机遇。虽然依照"双剑论"，教会的势力不应渗透入世俗法领域，克洛维一世的皈依却实际上使罗马教会一箭双雕般同时获得了一名虔诚的信徒和一位大体上靠得住的世俗立法官。

克洛维一世一生只娶了一位王后，没有给罗马法规定的合意原则和一夫一妻制惹什么麻烦，克洛蒂尔达后来还成为法国民间的新娘保护神。但依照属人原则，克洛维一世无法控制其他日耳曼国王的选择，更难以预料200多年后自己的一个子嗣会因为婚姻问题与教会闹得不可开交，而届时争吵的问题以日耳曼的婚姻观来看实在是小题大做。

/ 法兰克国王克洛维一世与勃艮第公主克洛蒂尔达的婚礼 /

物权爱情

文 / 王星

罗马法可以相对轻松地将合意原则作为"资源匮乏"时婚姻成立的基础，而日耳曼法执着于"婚姻关系成立的重点在于转移新娘的监护权，即家长或家族团体将新娘的监护权转移给新郎或其家族"。

体面婚姻

在罗马法与教会看来，传统的日耳曼婚姻观实在过于"蛮族"。日耳曼法中强调个人服从集体、个人的权利义务受到家庭和氏族制约，这一"团体中心"特点也影响到它对婚姻的管理。重视血亲团体在婚姻家庭生活中的作用，这是日耳曼法谈及嫁娶时的一大特征。

"情婚"可以出自一时血脉偾张，但在日耳曼的"体面婚姻"

中，新娘始终是婚约的标的物，而非当事人：男女双方家庭达成协议，由男方支付新娘身价给女方家庭，女方即被交付男方为妻，而无须女方本人同意。在婚后的家庭中，男性拥有家长权与夫权。丈夫有保护妻子之责，也有惩戒妻子之权，只是虐待妻子将引起妻子家庭的干涉。在财产方面，虽然实际上都由丈夫管理和处置，但理论上实行共同所有制，并承认已婚妇女可拥有自己的个人财产。

日耳曼法实行一夫一妻制，但又确认国王和贵族可一夫多妻。这种看似自相矛盾的做法因为都对血脉和财产的延续有利而被同时认可。在"何以确定婚姻"这一问题上，与古罗马法中书卷气的"合意"原则迥然不同，出身山野的日耳曼国王们毫不掩饰地亮出了"女人是在就寝时赢得亡夫遗产的"这句俗谚。在日耳曼法的婚姻世界里，爱情已经不是"基路伯天童"模样的丘比特，而是回归到它更原始的厄洛斯状态。

日耳曼法中将与"情婚"相区别的"体面婚姻"规定为三个阶段：首先是订婚，然后是婚礼，随后就寝。《西方婚姻史》中记载："这与罗马法截然不同，根据罗马法，只要夫妇双方同意，婚姻就足以有效。在罗马法学家看来，两个不在场的人举行婚礼或者和一个不能生育的男人举行婚礼都合法。日耳曼人的看法则相反，他们认为性的结合是婚姻的基础。婚礼的第二天，丈夫要对妻子有所赠予，这才是婚礼的第三阶段，强调了肉体结合的必要。"

"在日耳曼法中，如果说将权力从父亲手里移交给丈夫时把管理妻子财产的事也交给了丈夫,那么唯有肉体的结合才能使夫妻在法律上成为一体,并把财产变为夫妻共有财产。可以说,只有这种事实上的婚姻——日耳曼人的两种类型的婚姻('情婚'和由家庭决定的正式婚姻)都是如此——才构成婚姻关系。婚礼的其他两个阶段只不过是将父权向丈夫移交。如此说来,尚未基督教化的日耳曼人的婚姻可能只有一种类型,即以肉体结合与丈夫给妻子'童贞费'为象征的事实婚姻,其余的都只不过是购买父权以及合法地处置遗产。"

查理曼大帝

虽然已经基督教化而且"体面婚姻"的数量越来越多,以"爱情"为旗帜的"情婚"的魅力似乎是难以抗拒的。日耳曼法与罗马法之间第一轮关于"爱情"的交锋发生在公元 7 世纪,也即查理曼大帝的时代。查理曼大帝一生娶了 5 位王后、废了 2 位,另有 5 位被讳称为"侍妾"的情妇,育有 13 个嫡出的孩子、7 个私生子。罗马法对于离婚的限制并不严格,只要双方不再合意就足矣,但对于刚在摸索制定教会法、试图将婚姻神圣化并纳入教会管理的罗马教廷来说,查理曼大帝的需求却是个棘手的难题。

公元 3 世纪,教会接受了罗马法中以"订婚—婚礼"二阶论承认完婚的概念,就此解决了圣母的身份问题。如今查理曼大帝却以未曾"圆房"(consummationem)为由要求教会不认可完婚、判决婚姻无效，确实有点超乎时任教皇哈德良一世的脑力范围。据说哈德良一世曾因此谴责查理曼大帝："这是异教徒的做法！"

尽管如此，查理曼大帝还是在死后得到了封圣，与他相关的一些似有若无的爱情故事流传至今，现在听来已经不会导致类似公元 824 年那名修道士在弥留状态时的噩梦。据说这名修道士看到了因生前放浪而在地狱中被折磨的查理曼大帝。这位扑克中的红桃 K 原型的一些故事虽然过于传奇，但仍令人好奇揣测：倘若查理曼大帝的爱情如同他所向披靡的军队一样横扫欧洲，结局会是怎样？最令人遐想的故事莫过于查理曼大帝与东罗马帝国伊琳娜女皇之间似乎确有其事的联姻计划。

公元 800 年，心高命薄、一直倚仗查理曼保护的教皇利奥三世因看到东罗马帝国欠缺男丁、只拥戴了一位女皇，便想出为查理曼加冕罗马帝国皇帝这样既"报恩"又羞辱东罗马帝国的办法。查理曼从此拥有"查理曼大帝"的尊号，但他对帝位的想法显然与利奥三世大相径庭。据说就在加冕后几天，58 岁的查理曼致信 48 岁的伊琳娜女皇，建议两人结婚，从此统一全欧洲。可惜的是，公元802 年查理曼大帝的求婚使者刚到君士坦丁堡不久，女皇就因宫廷政变被废黜。查理曼大帝的最后一任王后确实死于公元 794 年，不过公元 800 年查理曼大帝致信伊琳娜女皇时，他已经拥有了第四位侍妾，并于翌年得到了第四个私生子。公元 803 年，伊琳娜女皇死于流放地。当年查理曼大帝确实没有结交新欢，也没有新的私生子，只是在第二年才接纳了第五位侍妾，又多了两个私生子。直至公元 814 年去世前，查理曼大帝不曾再有王后或其他伴侣。

查理曼大帝比为他加冕的教皇利奥三世多活了两年，比谴责他的哈德良一世多活了近 20 年。继承了日耳曼人澎湃热血的查理曼大帝为罗马教会留下的最后一点体面是：他一生中的几个女人都是相继认识的，无论是王后还是侍妾，他从来不曾同时正式拥有两个妻子。所以，他没有违反罗马法的一夫一妻制，从日耳曼法看也不算通奸。对于罗马教廷来说，这不过是 "consummationem" 首度被恼人地赋予别样含义。

物权爱情

大约 8 个世纪之后的 1530 年，英语中由此派生出的一个新词 "consummation" 将会更令人恼火地嗡鸣在教廷内外。曾经羞于以自己的语言制定法规的日耳曼人甚至在语言上也发起了逆袭，日耳曼传统婚姻中次日清晨的那笔 "晨礼" 悄无声息地伴着古高地德语的 "morgangeba" 与古英语的 "morgengifu" 潜入拉丁语，为中世纪拉丁语增添了一个新的婚礼表述 "matrimonium ad morganaticam"（晨婚）。

日耳曼法与罗马法对于婚姻判定的差异，其实不只因为对 "爱情" 本身的尊重与否，还源于两种法系对于物权归属的差异。日耳曼法认为对物的每一种利用权都是一种独立的权利，是对于特定财产的全面支配；罗马法则认为，对于财产的全面支配是一种具有弹力的所有权。换而言之，日耳曼法中对财产的支配是量的差异，而罗马法中则是质的差异。

此外，日耳曼法中对于物的利用权的变动、支配权的变动均伴有对于物的占有（gewere）的变动，对于物的占有与对物的利用权、支配权是结合在一起的，而罗马法中对物的支配权与表现该支配权的占有（possessio）是严格区别的。

承继了马尔克公社式的"团体本位"思想，日耳曼法的物权具有社会性，而罗马法的物权却是一种纯粹的、私法上对物的支配权，人与人的关系根据亲属权、债权而成立。搞清楚这一番定义便容易理解，为什么罗马法可以相对轻松地将合意原则作为"资源匮乏"时婚姻成立的基础，而日耳曼法执着于"婚姻关系成立的重点在于转移新娘的监护权，即家长或家族团体将新娘的监护权转移给新郎或其家族"。

对于防范乱伦的亲等界限也能显示出两种法系在古典时代对爱情的斟酌。与罗马法用上溯到共同祖先计算亲等的方法不同，日耳曼模式使用了横向计算的"人体结构"：从头（始祖）开始沿着手臂向下数，一个关节算一个亲等。这种算法将所有兄弟算成一等，与其说按称谓计算，不如说按辈分计算。日耳曼模式的亲等计算带有游牧部落式的"宁错勿滥"原则，以至于教会立法计算亲等时都不按照罗马法行事，而"屈尊"按照不曾经历过扩大乱伦范围的日耳曼人的方法计算。查理曼大帝一生执着于红粉，在避亲问题上却能做到严格自律，丝毫不曾越轨。

/ 古罗马主神朱庇特和朱诺的婚礼。朱诺是掌管婚姻的女神，是生育及婚姻的保护者 /

日耳曼文化的语言遗产

日耳曼文化为欧洲语言留下的婚姻用词远不止"晨婚"，无论是"婚礼"还是"婚姻"本身，距离拉丁语较远的英语和德语都留下了更具日耳曼部落文化特色的词语。与"子嗣"或"面纱"之类相比，这些词语更多带有原始的誓言与"团体本位"特色。当18世纪费加罗家中那点事的歌剧版本以"marriage"的译名出现在英语中时，译者也许更想强调这一事件更加静态的拉丁意味。但作为一个罗马舶来者，"marriage"在英语中的"辈分"显然不及更加古老且与歌剧名对应的"wedding"（婚礼）。

"wedding"源于古英语"weddung"（被定过约的），而其中最关键的"wed"源自日耳曼语的"wadjojanan"，意为"发誓或约定做某事"。词根"wed"与"誓约"相关的意味还保留在德语等其他印欧–日耳曼语系的语言中，例如德语中的"wette"（赌注），唯有在英语中延伸出与婚姻相关的意味。

由于"wed"的存在，英语中还有一个与婚礼相关的颇具古意的说法："wedlock"。据史料记载，"wedlock"最初用于表示"已婚"是在13世纪初，它源自古英语"wedlac"，由"wed"和"-lac"两部分构成，前者仍是"发誓"，后者则是带有"动作""进程"含义的名词后缀（"lock"是"-lac"演化后的变形）。"-lac"可以在20多个古英语词汇中看到，例如"feohtlac"（战事）。在英法之间联姻与战火并存的漫长历史里，"wedlac"可以和"feohtlac"搭配成完美的情诗韵脚。如今唯有"wedlock"保留在现代英语中，或许该称之为幸事。

在最固执地保留了原始日耳曼语种种因素的德语中，可以见到与婚娶相关的最花哨的词语，堪称当年日耳曼人婚嫁文化的缩影。歌剧《费加罗的婚礼》德译本标题中使用的"Hochzeit"（婚礼）源自中古高地德语中的"hōhzīt"以及古高地德语中的"hōhzīt"。前缀"hoch"的词源为"hu"，意为"肿胀"、"增大"乃至"怀孕"，早期只用于形容大型的部落庆典活动，自中世纪晚期开始用于描述世俗的或教会的庆典。

"Hochzeit" 强调结婚乃至同居（Verpartnerung）典礼期间举行的各种仪式，在某种程度上是更正式、更隆重的"婚礼"（Eheschließung）一词的讲解。"Eheschließung" 由 "Ehe" 与 "-schließung" 两部分构成，前者在古高地德语中意为"永恒""律法"，在现代德语中意指"婚姻"；后者则意为"闭合""完成"，颇令人想起那张令罗马法侧目的婚床。"Ehe" 及其衍生出的很多词语经常见于与婚姻相关的法律术语，不过日常德语表示"已婚"更常见的说法是 "Ich bin Heirat"。其中的 "Heirat" 源自古高地德语 "hīrat"。男女结合为一个家庭的过程及其结果，也即"家庭"本身最初被称为 "der hîrât"，后来才出现了 "die Eheschließung" 和 "Vermählung"。"hīrat" 为组合词。"hī" 可追溯至古德语的 "hiwa"（房屋，家务）以及 "kei"（躺下），此处带有"安顿"之意；"-rat" 与 "raten"（劝告）、"reden"（谈话）同源，最初意为"维持生计的必要手段"。两者结合，颇能令人想象出一些模拟经营类游戏中的帐篷、炊烟、小红心。

从语源学的残留上可以隐约看出，当年日耳曼法与罗马法在婚姻与爱情问题上的纠结近乎"鸡同鸭讲"。从结果看，英国和德国显然比法国或意大利在实际距离或心理距离上都与罗马更远，虽然广义而言的德语地区始终抱有自己定义的罗马帝国梦想，后来还以继承或光复罗马法为己任。在加洛林王朝时代，法兰克人或许会因为查理曼大帝式的非正式婚姻而感到耻辱，其他日耳曼部族却仍我行我素地享受着自己的习俗。

但教会对如何使用自己掌握的那柄剑也越来越熟练，逐渐强行推行这样的概念：只有一个上帝，只有一个教会，只有一种婚姻。教会反对两种类型的"低级婚姻"：罗马人的"妍居"和日耳曼人的"情婚"。"情婚"被等同于"妍居"，这种婚姻所生的子女没有继承权。公元 863 年，教皇尼古拉一世成功地否决了查理曼大帝的后代罗退尔二世的离婚案。

1035 年，尽管被父亲罗贝尔一世郑重地当着所有廷臣指定为诺曼底大公爵位的继承者，身为私生子的纪尧姆仍不得不从姨妈一支寻求微弱的血缘证据，以此说服教廷支持自己的继承权。纪尧姆后来跨海去了英国，成为大名鼎鼎的"征服者威廉"，但从纪尧姆王位的缘起上论，实际上是教会"征服"在先。

21 世纪美国法学家伯尔曼将基督教与王权视为日耳曼法中的两个动态因素："两个相互紧密联系的因素导向了日耳曼法自觉、公开的变化，一方面是基督教对法律概念的影响，另一方面是跨地域和跨部落王权的建立。"

伯尔曼的名言是："法律必须被信仰，否则将形同虚设。"听起来也很近似于 2000 多年前教皇格拉修斯一世的口吻。时至 11 世纪，一切已经很清楚：合法的基督教婚姻在欧洲获得了胜利。不过胜利背后真正的赢家并非"爱情"。如今教会不仅想管继承，也想管婚姻，自古希腊罗马时代起就隐现在婚姻背后的父权角色再次更换了新面孔。

天上的爱
与人间的爱

文 / 王星

出于天上的、年老的爱神所促成的情爱是高贵的、精英式的，而出于地上的、年轻的爱神所促成的情爱则是低贱的、大众式的。

提香的无名之作

　　1514 年，25 岁的画家提香（Tiziano Vecelli）在威尼斯接受了一份婚礼定制油画的委托。这幅画至今仍是意大利最神秘的油画，在绘制完毕后的 100 多年里，没有任何文字记录说明它的含义。1608 年，作品被博尔盖塞家族的红衣主教希皮奥内收藏，1648 年首次出现在家族的藏品目录中，但只标注为 "16 世纪 20 年代威尼斯画派作品"。1693 年，藏品目录赋予它一个益发朦胧的标题：《神圣的爱与世俗的爱》（ *Amor Sacro e Amor Profano* ）。

1899 年，罗斯柴尔德家族尝试以 400 万里拉的价格收购这幅作品，但被博尔盖塞家族拒绝。500 年后的今天，这幅油画的身价已经超过收藏它的罗马博尔盖塞美术馆整个建筑加全部展品的总和。

　　《神圣的爱与世俗的爱》的另一个更为通俗的译名是《天上的爱与人间的爱》。21 世纪的观众一般很难真切理解，"amor"（爱）本身在这里出现就带着神秘意味，尽管这是一幅婚礼定制作品。欧洲各地历史上有关"婚姻"或"婚礼"的称呼众多，奇怪的是词根后缀中却很少见到"爱"的痕迹，几乎仿佛是在刻意规避，或者暗含了那个年代的某些避讳。少数的例外之一是英语中表示"伉俪"的"match"。

　　类似含义的"couple"（配偶）源自拉丁语的"copula"（纽带），还是略显"冷淡"，但"match"源自古英语的"mæcca"（成双），而"mæcca"的源头终于带了些感性的味道：原始日尔曼语的"gamakon"（情意相投的）。词根"mak-"或"mag-"意为"相配"，在它的统率下有一批温馨的词语：古萨克森语中的"gimaco"（伙

/ 提香画作《神圣的爱与世俗的爱》/

伴），古高地德语中的"gemach"（舒适）。"couple"进入英语是在13世纪前后，本土的"match"则在14世纪晚期开始具有"配对"的动词含义。"match"在随后两个世纪的词义扩展似乎暗藏了婚姻观中某些微妙的变化，15世纪前后开始出现"竞争"含义，16世纪90年代增加了"使平等"的意味。

现代英语中"match"又一众所周知的含义是"火柴"。这很容易令人愉快地想起汉语中的说法："擦出火花"。可惜，如同汉字繁简变化期间很多字被合并一样，作为"伴侣"的"match"和作为"火柴"的"match"并不拥有同样的始祖。表示"火柴"的"match"在英语中始见于14世纪末，源自古法语"meiche"（灯芯）以及拉丁俚语"micca"或"miccia"，拉丁语的最终源头或许是"mucus"。它最终的原始印欧语的词根"meug-"的含义有些不那么严肃："黏滑的"。火柴会有这样的鼻祖，据信是因为油灯的灯芯下垂时让人想起鼻涕。

当然，16世纪初的人们在面对"婚礼"乃至"爱情"的定义时不会接纳"鼻涕"甚或其他更油滑的意象，尽管"火"的概念在基督教世界里确实和"爱"有关。为颂扬上帝之爱而生的炽天使就以火焰为躯体，"seraph"的名称本身也与"seraphim"（燃烧）相关，只是"seraphim"与"serpent"（巨蛇）的关联让人怀疑这种炽热之爱中令人愉悦的成分。依照语源学考证，"serpent"之所以会与"seraphim"同源，是因为这种巨蛇的毒液使人感到火烧火燎般的灼痛。

另一个同样火光四射的词"passion"（激情）的问题更为复杂。自 16 世纪 80 年代后，"passion"确实具有了与"爱"相关的含义，但它的拉丁词根是"pati"，意为"经受""忍受"。如今人们更多使用它"激情四射"之类的含义，但它在 10 世纪前后是用来表示"基督受难"的专有名词，在 13 世纪时又扩大泛指所有殉教徒的受难。倘若将"passion"与"seraphim"一道归属为"指向天上的爱"，它在 16 世纪末增加的有关"爱"的含义却又暗含实际操作的过程，更接近人间或世俗的爱。

提香这幅无名作品在 1693 年首度拥有标题时，距离费加罗系列剧作诞生只有不到 100 年。当歌剧舞台上的凯鲁比诺询问"你们可知道什么是爱情"，他最初使用的也是意大利语的"amor"。与"amor"相同，法语的"amour"和西班牙语的"amor"都源自拉丁语中的"amorem"。

然而，1514 年提香为那场婚礼创作时，是否真的将主题确定为现今意义上的爱情，从画作标题的缺失上便足以存疑。倘若追溯回"天上的爱与人间的爱"命题诞生的中世纪，"amorem"及其衍生的各词语本身能否等同于今天概念上的"爱"都成问题。

教会的难题

如同日耳曼法一样，中世纪在自信拥有更密集的信息获取渠道的现代人眼中总容易被黑暗化。至少就中世纪教会而言，汤普逊于 1928 年出版的《中世纪经济社会史》中有段论述其实更为公允："中世纪教会是一个封建化的教会，它处在封建社会里并属于封建世界，但它从来不像懒汉般照样接受所看到的现状……在极大的程度上，它具有领导的品质和倡议改革的力量。它以伟大的勇气和勤劳（虽然它的言行不一定相符）竭力造成一个更好的封建欧洲，竭力纠正封建政府和封建社会的缺点、暴行和弊病。中世纪教会虽然未曾企图推翻封建社会，但力求管理封建制度，希图从旧传统和旧惯例里建立一种新的建设制度。"

面对终日不是吵吵闹闹就是异想天开的欧洲诸王国，中世纪时罗马教廷要处理的麻烦绝对不比今天美国纽约那栋著名大楼里少。在管理婚姻家庭的问题上，要扮演好"蛮族"们德高望重的父权角色，教会首先得洁身自好地把自己的立场与逻辑彻底整理清楚。棘手的是，《圣经》本身就给教会遗留了一道难题。

《创世记》中，在亚当、夏娃偷吃禁果之前，上帝就以"人要离开父母与妻子连合"为由使"二人成为一体"，在两人被驱逐出伊甸园后又认可亚当"和他妻子夏娃同房"并生了该隐，使夏娃相信："神使我得了一个男子。"恰如《西方婚姻史》中指出的："事实上，为了使各种说法不相互抵牾，应该承认亚当和夏娃有两次婚姻：一次在伊甸园，另一次在犯了原罪之后。伊甸园是为一对没有情欲的夫妇准备的纯洁圣地，在那里上帝已经规定了体面的婚礼，规定了没有罪恶激情的性关系，这种性关系可以让人不带激情地受孕，没有痛苦地生产。这就是后来所谓的'责任婚姻'，是'为了履行职责'而制定的婚姻。换而言之，婚姻是为了种族繁衍，而不是为了满足当时还不存在的性欲。犯了原罪之后，色欲出现了，因此，'作为对策'，必须制定第二种婚姻当作一味治疗人性弱点的妙药，以避免人类'违反道德的冲动'。"

这一逻辑后来成为基督教意义上"天上的爱"与"人间的爱"的基本出发点。幸运的是，当谈及"灵魂"问题时，当时各国"蛮族"们的接受能力远高于罗马传教士们的期望。英国盎格鲁－撒克逊时期编年史家及神学家贝德在公元731—732年完成的《盎格鲁人的基督教会史》中记载，北翁布里亚的国王爱德维打算改信基督教，在做出这个重大决定之前，他想同在场的贵族们讨论一下。出席会议的一位贵族说："在我看来，国王，我们生活在尘世的一生中，许多事情我们都不知道。我打一个比喻：在一个冬天的晚上，您坐在这里吃晚饭，周围是文武官员，房间里生着火，暖融融的，而外面大雪纷飞。一只迷路的麻雀突然飞了进来，穿过大厅，然后又返回到外面的黑夜里。当它穿过房间的时候，并没有感觉到冬天的严寒，但是一瞬间立刻就过去了，它又消失在暴风雪里。它的经历，陛下，我感到像人的一生一样：我们对人生的过去和未来一无所知，如果新的信仰给我们带来希望，那么，我们听听它怎么说。"

这段与近1000年前中国的"白驹过隙"有异曲同工感染力的文字在西方被誉为"中世纪最优美的散文"。足以证明"天上的爱"对人间情爱支配力的例证是，当意大利教士格兰西在12世纪初编纂《教会法汇要》时，他有足够的信心表示："约瑟夫被称为'圣母玛利亚的丈夫'，起初并不是因为他们有肉身的结合，而是因为他们在生活上互相照应、精神上互相爱慕，后来他们才有完成的婚姻。"

从实际操作上考虑，罗马法中婚姻的"合意原则"也不能忽视。对于出自部落理念而建立的总体对女性不平等的日耳曼法来说，从一开始就明确指出"婚姻应自由缔结""婚姻应不受任何胁迫干扰"的中世纪教会法提升了婚姻中女性的地位，同时也增加了"爱情"在婚姻中的比重：只要两人相爱，男女的结合即构成合法的婚姻。当然，前提是不触犯亲等或社会地位戒律，同时禁止基督徒与非基督徒之间的婚姻，用格兰西的话说就是："对任何人的爱都不应成为放弃信仰的理由。"

不过，在宗教信仰问题上，早期的教会仍为"爱情"留下了足够的选择空间。一方面，非基督徒夫妻可能有一方成为信徒，由此问题得到解决。另一方面，虽然从法律上讲基督徒可以离开自己不信奉上帝的配偶，然而格兰西承认这样做并不恰当："如果非基督徒愿意和自己的基督徒配偶生活下去，后者出于爱心应该同意。这固然是为了感化对方，使之成为基督徒，但也是为了不伤害对方的感情。"

婚姻圣事

然而，离婚再娶却因为阻碍了已经由教会主持缔结过的婚姻而成为大忌。当"婚礼"经过冗长的神学辩论被正式认可为七大圣事之后，接受过婚礼的配偶所受的限制已经如同接受过洗礼的信徒一样，等同于接受天父管辖与否的原则问题。借助基督教早期相当于"法官"角色的使徒保罗及其宗徒的名义，1439 年召开的佛罗伦萨大公会议综合性说明了婚姻圣事的道理："第七件圣事是婚配圣事；这件圣事，按保罗宗徒所说的，是基督与其教会结合的标记。"

使徒保罗的见解主要见于《新约》的《以弗所书》。《以弗所书》是使徒保罗于公元 60—61 年在罗马的监狱中写给小亚细亚的以弗所的基督徒的一封书信。书中提道："你们作妻子的，当顺服自己的丈夫，如同顺服主。因为丈夫是妻子的头，如同基督是教会的头，他又是教会会体的救主。教会怎样顺服基督，妻子也要怎样凡事顺服丈夫。你们作丈夫的，要爱你们的妻子，正如基督爱教会，为教会舍己。要用水借着道把教会洗净，成为圣洁，可以献给自己，作个荣耀的教会，毫无玷污、皱纹等类的病，乃是圣洁没有瑕疵的。丈夫也当照样爱妻子，如同爱自己的身子，爱妻子便是爱自己了。"

使徒保罗相信男人与女人的"奥秘的婚姻"是信徒与耶稣的深度关系的预先尝试，最终目的是"认识基督那超越知识的爱"。自《约翰福音》开始，基督就被比喻成新郎。《约翰福音》中记载，约翰的门徒告诉约翰说，有许多人都到耶稣那里去了；但是约翰并未因此失望，他说："娶新妇的就是新郎，新郎的朋友站着听见新郎的声音就甚喜乐，故此我这喜乐满足了。他必兴旺，我必衰微。"这段话被神学家们阐释为："众门徒如同新妇，必要归于他们的新郎，就是基督；约翰自己并不是新郎，乃是新郎的朋友。新郎的朋友不能夺去新妇；约翰他自己不要夺去基督所当得的门徒，却因基督得了众人更加喜乐了。"

其实《旧约》的《以赛亚书》就曾把以色列人描述成上帝的新妇。《新约》出现后，"基督的新妇"被转借成为"教会"的隐喻说法。因为相信基督将基督徒与他之间的关系比作一个婚约，指向世界末日后天堂中的婚礼，由教会见证过的人间的婚约与婚礼也变得神圣不可侵犯。

佛罗伦萨大公会议得出决议：婚姻圣事的成因是由于男女彼此言明自己对此婚姻的同意，而且"婚姻的好处有三：第一是生育子女，并教导他们恭敬天主；第二是夫妻该互守信用；第三是婚姻的不能拆散性。它即因此而成为基督与教会不能分离的标记。虽然夫妻可因对方犯奸淫而分居（不同房），但绝不可再和别人结婚，因为合法婚姻的婚姻束缚是永久的"。

伯尔曼在《法律与革命》中指出："教会的婚姻法部分地依赖于两种婚姻概念之间的紧张关系：一是作为在上帝面前两个人自愿结合的婚姻圣事概念，二是作为在教会这一社团性实体的法律体系内的一种法律行为的婚姻圣事概念。而家庭法的系统化之所以可能，是因为它把注意力集中在教会当局对于婚姻圣事的管辖权方面。从对婚姻案件的管辖权中，发展出处于整个教会法体系中的由各种法律准则、原则、概念以及规则构成的一种相对完整的次级体系。因此，尽管家庭法不乏其自身的结构特色，例如，其包括婚姻的有效与无效、婚姻的解除、秘密婚姻、婚姻承诺、分居、子女的合法化以及婚姻财产等，但它也具有整个教会法体系的结构特色，一种体现就是它对婚姻的稳定性和持久性的强调。"

这种"稳定性和持久性"在一个世纪后就会遭遇前所未有的巨大挑战，因为这种以教会为代表的天父监管下的"爱情"毕竟不同于现代乃至凯鲁比诺所在的 18 世纪的概念。凯鲁比诺说：

> 我想把一切讲给你们听 / 新奇的感觉我也说不清 / 我有时兴奋，有时消沉 / 我心中充满火样热情 / 一瞬间又感到寒冷如冰 / 幸福在远方向我召唤 / 转眼间它又无踪无影 / 不知道为什么终日叹息 / 一天天一夜夜不得安宁 / 不知道为什么胆战心惊 / 但我却情愿受此苦刑。

这段唱词与下面的文字颇有相似之处：

> 我还没有爱上什么，但渴望爱，并且由于内心的渴望，我更恨自己渴望得还不够。我追求恋爱的对象，只想恋爱；我恨生活的平凡，恨没有陷阱的道路……爱与被爱，如果进一步能享受所爱者的肉体，那为我更是甜蜜了。我把肉欲的垢秽玷污了友谊的清泉，把肉情的阴霾掩盖了友谊的光辉；我虽如此丑陋，放荡，但由于满腹蕴藏着浮华的意念，还竭力装点出温文尔雅的态度。我冲向爱，甘愿成为爱的俘

虏……我得到了爱，我神秘地戴上了享受的桎梏，高兴地戴上了苦难的枷锁，为了担受猜忌、怀疑、忧惧、愤恨、争吵等烧红的铁鞭的鞭打。

如果回归原文，两段文字中的"爱"都源自"amorem"。熟知歌剧《费加罗的婚礼》的人知道，凯鲁比诺的疑惑是源自他私下对已婚的伯爵夫人的爱恋，但后一段文字中"爱"的指向却完全不同。在中世纪经院神学的视野里，"amorem"代表的是不诉诸肉体的"神秘之爱"，多用于神学，但凡用于尘世，也只意味着柏拉图式的精神之爱。在提香的画作可以使用"amor"的标题之前，这种爱甚至被剥离出夫妻关系之间：涉及"伉俪之爱"的是"affectio"（情感），由于过于亲昵而不登大雅之堂。

公元4世纪，《新约》的拉丁文译者圣哲罗姆就对爱情婚姻和世俗妇女有许多过激的批评。他认为，艳丽的女子不独模糊男人的理性，而且腐蚀他的品格，消磨他的志气。丈夫即使热爱自己的妻子，在道德上也与通奸同样低下，因为他把妻子当成了情人。

然而，在"更恨自己渴望得还不够"这段文字的作者看来，"男女相聚符合神意，也保证了上帝创造的人类得以延续，所以有亚当和夏娃；但肉身的结合成为必要却是原罪的结果。"婚姻是美好事物不仅仅是因为子女的生育和抚养，夫妻两情相好也是自然之美，但不为生育而进行的性爱却是邪恶的。

卡拉瓦乔的《圣奥古斯丁》

　　与提香同时代的画家卡拉瓦乔曾经为比圣哲罗姆更相信"男女相聚符合神意"的先人画过一幅肖像。他就是在基督教世界鼎鼎大名的圣奥古斯丁，那段热情澎湃的文字出自他40岁时撰写的《忏悔录》。

　　虽然同被封圣，两位几乎处于同时代的圣人早年的经历完全不同。圣哲罗姆出生于公元347年，19岁左右就受洗，早年热衷于修辞学和希腊罗马哲学，但很快就为基督教禁欲主义所吸引，一度到叙利亚沙漠中苦修。公元382—385年在罗马担任教皇秘书，受命修订《新约》的拉丁文译文，并在当地的贵妇人中间提倡守贞修行的生活。公元385年，圣哲罗姆与他的追随者前往巴勒斯坦，在那里建立数座修道院，从此再未离开。与此相比，出生于公元354年的圣奥古斯丁受洗时已经33岁，是在中年才确立的基督教信仰。

　　圣奥古斯丁的父亲是个非基督徒，母亲则是一个虔诚的基督徒。由于教会禁止基督徒与非基督徒之间的婚姻（当时教会已经开始将"婚礼"视为圣事，基督徒中的聋哑人都因无法口述自己的意见与誓言而不能举行婚礼，非基督徒更不可能），圣奥古斯丁是以"私生子"的身份诞生的，出生后并未接受洗礼。

　　少年时期的圣奥古斯丁才华横溢，放荡不羁。他16岁赴迦太基求学，17岁与一乡下女子同居，18岁育有一子，19岁受西塞罗的《霍尔登修》影响接受摩尼教善恶二元论的信仰，20岁完成罗马帝国规定的三级制教育学业，22 岁在迦太基教授雄辩术，26 岁写了第一本论文《美与均衡》，后来受新柏拉图主义鼻祖普罗提诺的影响而放弃摩尼教。30 岁起跟随米兰主教安波罗修学习天主教信仰与神学，并与同居十几年的情人分手，跟小他 18 岁的少女订婚。在研究了各种宗教与哲学后，32 岁的圣奥古斯丁对生命有了悔悟，终于在 33 岁接受洗礼。

著作等身的圣奥古斯丁后来被誉为"罗马帝国时代最后一位伟大的基督教神学家"。在那个非基督教世界还在为"姘居"与"情婚"争论的年代，他提出"回避两性关系比回避什么都重要"，并将原罪和性欲的概念联系在一起。然而，也许是早年经历的影响，他在《论婚姻之益处》中又有些自我矛盾地论证说："夫妇一方不顾对方的意愿单独守贞是不可取的，会导致其配偶犯通奸罪"；"与异教徒结婚的基督徒可以帮助自己的配偶成为信徒；基督徒夫妇可以互相督促，按照基督教的道德生活"；"老年夫妻之间精神上的相亲相爱感人至深，青年夫妇若能守贞，他们心灵相通的爱情又要伟大许多倍"；"已婚者虽不能像修士和修女那样全身心地侍奉上帝，还是能尽其所能地走上帝指引的路"。

卡拉瓦乔绘制的《圣奥古斯丁》是 2011 年才被发现的，创作时间是 1600 年前后，也即画家 28 岁之时。此前这件作品一直被认为是 17 世纪某位画家的匿名作品，修复之后画面上一些手法的特质才揭示出它真正的作者。在艺术史学者看来，它"显示了卡拉瓦乔安静的一面"。卡拉瓦乔更为人所知的是他放荡不羁的一面，本身如同使徒多马一样对基督教充满质疑的卡拉瓦乔既绘制过圣哲罗姆的肖像，又绘制了圣奥古斯丁的肖像，这已经显示出文艺复兴时关于爱情与婚姻问题的价值观。

就在完成《圣奥古斯丁》前后，卡拉瓦乔创作过一幅《胜利的爱神》，17世纪早期的一本回忆录将画中的模特称作"切科"（Cecco），可能是弗朗西斯科·伯内利（Francesco Boneri），1610—1625年在艺术圈中颇为活跃的一个人物，人称"卡拉瓦乔的切科"。画中的小爱神手持弓箭，踩踏着象征战争的科学器具以及象征和平的艺术作品。画中强烈而又暧昧的现实性正是一直令当时的人们对卡拉瓦乔难以认同但又为他着迷之处。据和卡拉瓦乔同时代的人记载，卡拉瓦乔甚至多次让罗马的一名高级妓女充当作品中圣母的模特。

天上的爱与人间的爱

与四处游荡、39岁就因不明原因身亡的卡拉瓦乔相比，几乎一直身在威尼斯、活了86岁的提香要含蓄很多。20世纪的学者对于提香那幅标题暧昧的作品还考证出新柏拉图主义的来源：源出古希腊神话中主管理想爱情的"阿佛洛狄忒·乌拉尼亚"以及主管肉欲爱情的"阿佛洛狄忒·潘得摩斯"，也即"天上的爱神与人间的爱神"。

这一典故同样出自以哲学的名义大谈爱情的《会饮篇》。筵席上的包萨尼亚是名法律专家，他区分了天上的爱神和人间的爱神：根据《神谱》记载，天帝乌拉诺斯被他的儿子砍碎投入大海，海里涌出的白浪，变成了爱神，这就是"天上的爱神"。"人间的爱神"则是《荷马史诗》中记载的由宙斯和狄俄涅所生。

尽管包萨尼亚所说的"爱"与如今最经常适用的范畴略有区别，但他提出的"被爱者接受爱者的爱是为了增进品德"这一假设还是通用的。包萨尼亚认为，如果被爱者屈从爱者的目的在于得到爱者的帮助，以便在哲学或其他品德上更进一步，这种屈从就并不卑鄙也不算谄媚，爱情与对学问道德的追求也就此合为一体。

在提香时代的新柏拉图主义者看来，包萨尼亚界定的两个爱神的说法与《会饮篇》中对"爱欲"（erotic）讨论的一个重要结论完全一致，也即要倡导高贵、超越低级肉体需要、朝向永恒的不朽之爱：出于天上的、年老的爱神所促成的情爱是高贵的、精英式的，而出于地上的、年轻的爱神所促成的情爱则是低贱的、大众式的。

另一方面，包萨尼亚又说："如果爱神只有一个，厄洛斯也就只有一个；如果阿佛洛狄忒有两个，厄洛斯也就必定有两个。"曾令中世纪的神学家们纠结的"erotic"正是源自古希腊的小爱神厄洛斯，其本意是指任何强烈的欲望，却随着两个爱神的出现而变成了一个灵活的舵手。

12世纪的教令集中早已明确："教会在基督面前有两种不同的地位：以生命来说，教会是基督的身体；以教会的前途来说，教会是基督的新妇。以教会与基督的联合来说，教会是基督的身体；以教会与基督的亲密来说，教会是基督的新妇。"既然人间婚姻是天上的爱的缩影，爱情在婚姻中的比重也应如此把握。

然而，原属"天上的爱"的"passion"自16世纪末就已经具有与"人间的爱"相关的含义，于是和提香画作相关的另一个谜题浮出水面：画面上的两位爱神一位保留了古典式的裸体，另一位盛装华服，究竟哪一位是天上的爱神，不仅不同时代将给出不同的答案，当时的教会和画家心中也早就暗藏了自己的见解。

两个爱神的存在为柏拉图恋情留下了回旋舞台，凯鲁比诺可以在舞台上坦言自己对伯爵夫人的爱恋也是源自于此。更重要的是，中世纪教会法以"神秘之爱"（amore）留下的这个缺口为欧洲各国基于封建效忠而鼓励的骑士爱情文化留下了转机。

如同武侠小说般的骑士小说毕竟有其矫情之处，如同经济学中的劣币驱逐良币一样，中世纪经院学者们小心翼翼雕琢出的"神秘之爱"也难以避免所谓"去奢侈化"。一旦小说的浪潮退去，对"爱情"的操控权也将随之重归世俗，更不必说日耳曼法中潜藏的杀机在1530年爆发，英国国王亨利八世的离婚问题彻底将罗马教会历经百年获得的经由婚姻入主世俗法的父权全盘否定。

相形之下，尽管18世纪末欧洲仍在纠结费加罗遇到的麻烦是属于"婚姻"还是"婚礼"，一切只不过是"天上伦理"残存的一点表面装饰泡沫。

骑士的爱
和国王的婚姻

文 / 王星

当以法国为代表的一些欧洲国家用自恃"自由浪漫派"的口吻评点当今英国对于爱情如何保守时，它们恐怕真的已经忘记了，直至 18 世纪英国与西班牙还都被视为自由爱情的圣地。正是因为亨利八世自罗马教会夺得"婚姻"的定义权，一直在婚姻附近隐现的爱情再次将主导权放归人间。

《费加罗的婚礼》

欧洲一直延续到 18 世纪的一个伦理概念是："婚姻"是神圣的、与基督相关的，而"婚礼"是人间的、属于夫妇双方的。自12 世纪起教令集中就明确指出：婚礼上新郎与新娘才是完成圣事的"主体"，神职人员不过是"在场"而已。因此费加罗的婚礼可以只被视为"疯狂一日"，费加罗的婚姻却不能儿戏。

博马舍的戏剧事实上还是关于婚姻的，囊括了法国大革命之前欧洲许多与婚姻相关的概念，虽然"疯狂一日"的标题使它显得似乎只有关爱情。故事大致如下：17世纪，西班牙塞尔维亚郊外阿尔马维拉伯爵的府邸中，伯爵的贴身男仆费加罗当天要和伯爵夫人的首席女佣苏姗娜成婚，费加罗正欢天喜地地准备婚礼，苏姗娜告诉他伯爵以嫁妆要挟，想兑现他曾经宣布要放弃的"初夜权"。费加罗听后决定给伯爵一点教训。此外，管家玛塞林娜痴心地想以一张债据作为要挟与费加罗成婚，给她出主意的是医生巴托洛。在"费加罗系列三部曲"的第一部《塞维利亚的理发师》中，正是费加罗帮助伯爵从巴托洛手中"抢"到贵族小姐罗西娜为妻，因此巴托洛打算在10年后费加罗的婚礼上进行报复。坏人当然不会得逞。经过一番走马灯式的胁迫、躲藏、发现、换装、误会、错认，最后费加罗成功地迎娶了苏珊娜，心怀诡计的人受到了适度的惩罚，一切在谅解的氛围中告一段落。

当年引起最大争议的是费加罗在婚礼当晚因误会苏珊娜对伯爵做出让步时愤怒地谴责："不，我的大人，您得不到她！……就因为您是一个了不起的贵族，您就自以为是个天才！爵位，财产，官阶，地位——你们会使一个人变得多么傲慢！您何德何能享受这些？您不过是出生时费了把力气，除了这些又与平民有什么差别?！我被埋没在平民中，为了谋生不得不花费更多心思去学、去算、去练，这些本事早就足够统治西班牙全境100年！"

可以料想，莫扎特的歌剧中删去了这段"檄文"，达·庞蒂为同一场景重新创作的脚本将矛头指向女性，在一段名为《睁开你们的眼睛》的咏叹调中，费加罗唱道："世上的男人，睁开你们的眼睛！女人是有刺的玫瑰、诱人的雌狐、微笑的母熊，再不要被她们迷惑！"不过，他在第一幕增加了一个博马舍原剧中没有的段落。当费加罗听说伯爵心怀不轨后，他唱了段在旋律上剑拔弩张的小调：《想要跳舞？我的小伯爵》。显然，达·庞蒂与莫扎特有自己的玩儿法。

凯鲁比诺在戏剧中的法语姓名是"Chérubin"，比他的意大利化的姓名更直白地指向智天使"Cherub"。在吴达元的译本中，他的名字被译作"薛侣班"。虽然从发音上和"薛蟠"有本家之嫌，但形象绝对大相径庭。

关于这个人物，博马舍在剧本开始的人物介绍中写得很清楚："这个角色只能依照老办法，请一位很美丽的年轻姑娘扮演。我们的戏班里还找不到一个年纪轻轻但相当成熟的男演员，能充分领会这个角色的细腻情绪。在伯爵夫人面前显得非常胆小，在别的地方却是一个在女人身上并不怎么老实的可爱的孩子。抱着惶惶不安和缥缈不定的愿望，就是他的性格的基础。他恨不得赶快到了结婚的年龄，但这也并不是因为有什么计划，有什么认识。他是不管什么事情都喜欢参加的。总而言之，任何母亲心里也许都愿意有这样一个儿子，虽然她会因他而感觉十分痛苦。"在莫扎特的歌剧中，凯鲁比诺也是由次女高音反串扮演的。

骑士的爱

享有"智天使"名字的凯鲁比诺在伯爵家的地位并不高。英语中有个老笑话:"贵族和书的共同点是什么?'标题'(title)和'页码'(page)。"因为"title"也用作"头衔",而凯鲁比诺就是那个"页码"。在中世纪遗留下来的骑士制度中,"page"被称为"侍从武士",一般是指 14 岁以下、跟随某一贵族学习如何成为骑士的男孩。

所谓的"学习"其实并不比在平民阶层的工匠那里当学徒复杂多少,基本就是替所效忠的贵族送信打酱油。歌剧《费加罗的婚礼》中最广为人知的咏叹调就是费加罗开导凯鲁比诺的《再不要去做情郎》,然而,在 12 世纪之后,"情郎"的角色已经成为骑士制度不可或缺的一部分。19 世纪法国史学家莱昂·戈蒂埃在《骑士制度》中提出典型的骑士制度由三个组成部分:封建主义的结构和影响,教会的约束和指导,最后就是以"骑士爱"为核心的爱情婚姻观。

由于堂吉诃德和他魂牵梦绕的杜尔西内娅的推广,"骑士爱"的形式一直到今天都栩栩如生。作为概念,它一般被认为是在近代由法国文学史专家加斯东·帕里斯在 1883 年提出来的,以此来描述 12—13 世纪西欧传奇文学里骑士和他的女士的关系,认为"前者对后者崇拜敬爱,后者令前者变得高贵勇敢"。20 世纪英国文学批评家克利夫·史戴普·刘易斯在《爱的比喻》中也指出"骑士爱"是一种特别的爱情，"以谦恭、礼让、婚外恋和爱的宗教化为特征"。

除去《堂吉诃德》这样以"镜中世界"的方式歌颂"骑士爱"的作品之外，骑士文学大多要设法完成一项左右互搏的使命：一方面要称颂夫妻之间的和谐与情爱，另一方面要以夸张的手法美化贵妇人和她的崇拜者的关系。卡佩拉努斯据信是12世纪后半叶法国香槟女伯爵玛丽的一位廷臣，被后世视为"骑士爱"的经典理论著作《爱情论》就是他应玛丽的要求创作的。

《爱情论》中有多处明确地提到爱情不可能存在于夫妻之间。最明显的一个事例是：一名出身小贵族的已婚女子拒绝了一名出身高阶贵族的男子的追求，理由是她已经有相爱的丈夫；该男子回答说，爱情与夫妻感情不是一回事，后者光明正大，没有互相嫉妒的成分，带有延续后代的目的，甚至夫妻之间的抚爱也是婚约的一部分，不完全是因为情深意笃；他们两人的争论最后由香槟女伯爵玛丽进行裁决，结果玛丽支持那位贵族男子的看法，认为婚姻与爱情不可能并存。

因为是"私人定制"作品，后人甚至难以明确地知道卡佩拉努斯本人是否赞成爱情与婚姻不相容。卡佩拉努斯《爱情论》的开篇将"爱情"定义为："一种内在的痛苦，其根源是穷思苦索异性之美，其结果是相爱的双方都祈望拥抱对方并服从爱情的每一道指令"；"情人就像一名尽职的士兵，为自己所爱的女子经历各种苦难而在所不辞"。

卡佩拉努斯在创作风格上颇受古罗马诗人奥维德影响，他所描述的"骑士爱"却与奥维德笔下的爱情大相径庭。他相信爱情是一种情欲，但是一种令人高尚的情欲："爱情能把粗俗之人改造得体面雅致，能赋予出身低微者以高贵气质，能化傲慢为谦卑。被爱情俘虏的男子乐于为他人服务，而且用情专一。"然而中世纪重磅打造的"天上的爱"，卡佩拉努斯也没敢忘却。在《爱情论》里，卡佩拉努斯强调：爱情是一种高尚的情操，但那毕竟只是人间之男女情爱，在天国之爱的层次上，人间情爱是没有地位的。

国王的爱

卡佩拉努斯的《爱情论》完成于英法百年战争的前夕。当时的读者肯定会读出别样的味道，因为委托者的母亲可不像杜尔西内娅那样，是只需要"按照意愿对她的相貌和品德进行想象"的"世界上最高贵的公主"，英法之间即将燃起的连绵战火也不是风车大战式的儿戏。

香槟女伯爵玛丽是法国国王路易七世与阿基坦的埃莉诺的长女，而埃莉诺在法国史书上是个令学者们爱恨交加的名字：她的婚姻造就了未来英法之间延续上百年的领土纷争。

1137 年，因家传而拥有大批法兰克周边领地的埃莉诺在 14 岁时嫁给了 16 岁的路易七世，8 年后生下女儿玛丽。据说活泼的埃莉诺与丈夫一本正经的家人及廷臣相处得并不愉快，但这无损路易七世花尽心思、金钱来满足她大大小小的所有愿望。在民间传说中，埃莉诺后来对路易七世失去兴趣是因为后者刮掉了胡子。另一种说法是，路易七世是名虔诚的基督徒，还发起过第二次十字军东征，他过于频繁的昼夜礼拜和忏悔使埃莉诺受到了冷落。

婚姻末期，埃莉诺因与当时只是诺曼底公爵的亨利二世私通，所以多次尝试令婚姻被宣布无效，却被教皇犹金三世拒绝。教皇甚至亲自命令埃莉诺与路易七世再度同床。几个月后，埃莉诺终于怀孕，但生出来的却仍是女儿，法国的臣民借此要求路易七世让婚姻被宣布无效，路易七世选择了顺从，但实施判决的不是国王。1152年3月21日，四名大主教在得到犹金三世批准后宣布婚姻无效。

已经30岁的埃莉诺回到自己的领地后，派遣使者要求当时只有19岁的亨利立即前来迎娶。据记载，1152年5月18日，两人在"没有与他们身份相称的仪式下"结婚。1154年，亨利加冕为英格兰国王，开创金雀花王朝，埃莉诺则成为英格兰王后，她在上次离婚时被分配到的部分法国领土并入英格兰治下。在亨利二世晚年，他与埃莉诺所生的几个儿子时常叛乱。亨利二世认定是埃莉诺怂恿的，自1173年起囚禁埃莉诺，直至他于1189年在法国去世。亨利二世晚年有数名情妇，曾秘密请求教皇允许他与埃莉诺离婚但是未获同意。埃莉诺再未嫁人，于1204年在英格兰一家修道院去世并葬于此地，终年81岁。

这类当时还可以用"骑士爱"来诠释的"孽缘"在300年后

/ 1152 年 3 月 21 日，埃莉诺与法王路易七世离婚 /

将会发酵出更具戏剧的结果，但在"言情"方面恐怕不及于此。更久之后托尔斯泰所说的"幸福的家庭都是相似的，不幸的家庭各有各的不幸"可能在 20 世纪以后能获得更多的认同，但在 16 世纪之前的罗马教会看来并非如此。

除继承自罗马法的"合意"原则外，在婚姻问题上罗马教会还执着于承接自圣奥古斯丁的一个信念。20 世纪美国神学研究者雷诺兹认为，圣奥古斯丁对于婚姻思考的核心是将婚礼与洗礼对比："正如洗礼使一个人无法挽回地成为教会成员一样，丈夫与妻子一旦结婚，婚姻就不可解除。洗礼过的基督徒离开教会并没有失去教会成员的身份，这种关系仍然保留，但不是为了个人拯救，而是对他（或她）的惩罚。即使他因成为通奸犯、异端被教会开除教籍也仍是如此。同样，只要丈夫和妻子都活着，婚姻关系就存在。如果一个人与配偶离婚后再婚，原来的关系仍然保留，且要对他进行惩罚。即使一方因另一方通奸而合法离婚也仍然如此。"正因为婚姻还是基督与教会之间结合且不可解除的标志，教会法坚持："合法缔结的婚姻是不可解除的，除非有一方撒手尘寰。否则即便另一方成为异教徒、失明、得了麻风病或遭受其他重大不幸，婚姻仍要继续。"在教会法看来，"从一而终"不单单是对爱情的诗意表达，它更像是确认责任。

可以导致婚姻被判废除的婚姻障碍，古罗马法中主要定义了三个：一是性功能障碍，二是亲等障碍，三是社会地位障碍。尽管承认有通奸、异端、残酷无情三种原因可导致实际上只是分居的"分食分寝式离婚"，被各种圣言束缚的教会法仍只规定了两种婚姻障碍：一是血亲、姻亲及教亲障碍，二是胁迫。

中国传统上的"无后为大"在罗马教会法的尺度上倒会被视为某种有利修行的善举。倘若夫妻双方坚持以此申诉，唯一可以被判决婚姻无效的方法是男方与一两位"富于奉献精神的公众女性"当众操作验证。依照 16 世纪之前的教会法逻辑，虽然婚姻的好处之一是生育子女，而且不为生育而进行的性爱是邪恶的，但是夫妇一方不顾对方的意愿单独守贞是不可取的，因为会导致其配偶犯通奸罪。

以"天上的爱"拖延或许已经没有"人间的爱"的婚姻，这是当时罗马教会面对诸多想利用教会法与世俗的日耳曼法之间真空地带的王室诉讼的通用方法。然而罗马教会还是忽略了日耳曼法潜在的判例力量。在1152年埃莉诺与路易七世的"离婚诉讼"中，埃莉诺一方因提出"亲等障碍"的理由而虽败犹荣，达成了自己的目的。这一理由将像武功秘籍一样在英格兰传承后世，400年后再度因爱情驱动让教会左右为难。

在《费加罗的婚姻》中，玛塞林娜想阻挠婚礼的武器是一张借据，借据上有费加罗白纸黑字签署的"不还债就抵人"的契约。尽管间隔近2000年，古罗马时代的买卖婚依旧在欧洲存有余响。倘若不是审判中费加罗突然被发现是玛塞林娜与巴托洛失散的私生子，缺乏这类"亲等"铁证的费加罗当天还真的无法迎娶苏珊娜。

但玛塞林娜终究只是插曲，影响这场婚姻的真正冲突焦点还是所谓"初夜权"，也即自欧洲中世纪存在的一种领主拥有的与奴仆的新娘同宿第一夜的特权。这一习俗依照考据最早源自原始人类将血视为不洁物的恐惧，因此产生了对神献祭、对客人献身等不同的风俗。以21世纪的眼光来看，初夜权显然会被归入"陋习"，但自中世纪起的很长一段时间里，它甚至被视为领主对奴仆婚姻的一种关爱。

一切的源头仍要倒推回传说中"亚当、夏娃的婚礼需斋戒祈祷40天才礼成"。尽管都被列为"伪经"，《亚当的战斗》和《多比雅书》中关于人间婚姻的一些禁忌仍在早期教会法中有所体现。所谓"多比雅三夜"是指传说中多比雅在婚后三夜禁止撒旦接近床榻，后来引申为新婚夫妇在得到婚礼祝福以后的三夜绝对禁止任何性行为。

自 12 世纪起，尽管可以用将婚礼持续 2~3 天的方式帮助新婚夫妇遵守"多比雅三夜"，但以"赎买"方式体现的各种豁免很快出现，首先就是领主赎买新娘的初夜权，不久是新郎向主教赎买。时至中世纪末期，新婚禁欲已经由强制遵守的规定淡化为一种建议。在这一习俗上，至少欧洲人无权耻笑当年的祖先，初夜权令人诧异地在欧洲部分地区甚至遗留到今天，只是基本已经以象征性货币购买的方式代替：当今的英国王储查尔斯王子在英国威尔士地区购置了一处庄园作为他和卡米拉的度假别墅，依照当地一项拥有 170 多年历史的古老法令，作为"庄园主"，查尔斯将从此拥有邻近所有新娘的"初夜权"，除非新娘向其交纳 50 便士。

自己的麻烦事已经够多的查尔斯王子当然不会再对这种古老习俗认真。当年身处 20 世纪的查尔斯与戴安娜夫妇对婚姻与爱情各自做出了令人唏嘘的决断，在同时代人看来带有为爱牺牲的悲壮意味，但在英国王室的历史上却不过是同一风土上不同演绎者做出的类似选择。即便不属于同一血脉家族，因远离欧洲大陆而享有天然独立性的英格兰或联合王国的几代王朝都各有铁腕人物诞生，他们各自依照"衡平法"平衡着自己的婚姻问题。

衡平法是英国自 14 世纪末开始与普通法平行发展、适用于民事案件的一种法律，也是海洋法系中法规的渊源之一，主要来源于盎格鲁–撒克逊习惯法与诺曼底封建法的融合。自从因出身合法性问题经受过教会质疑的"征服者威廉"踏上英格兰的土地，为了扩大王权以及更能捍卫王权的世俗法权，威廉派遣大法官在英格兰各地巡视并处理种种矛盾，其间有很多问题并无成文法可供凭借，日耳曼法传统中的判例原则和"以当时当地风俗为准"的属人原则发挥了更大作用。衡平法的最高目标是以"正义、良心和公正"为基本原则，以实现和体现自然正义为主要任务。它因弥补普通法的不足之处而产生，但形式更加灵活，在审判中更加注重实际，而不固守僵化的形式。

英语版《费加罗的婚姻》直接使用了"marriage"的译名，本身就显露出它对于定义"matrimonium"这个古老名词的信心，无怪乎英国民法被一些研究者认为是欧洲现存的"唯一的日耳曼法"。当16世纪那位被后世抹黑为"蓝胡子"的亨利八世出现自己的婚姻问题时，尽管罗马教会不会承认判例裁定，他也已经足够有信心吸取埃莉诺等前车之鉴，以护教使者的身份自行诠释自己的婚姻是否有效的问题：首先是合意原则，最后的撒手锏是婚礼是否礼成以致造成亲等障碍。

来自西班牙阿拉贡的凯瑟琳带着足够优厚的政治嫁妆，以至于亨利八世的父亲亨利七世把这份婚约搞到手后无论如何都不忍放弃，即便原有的王储亚瑟在新婚不久后猝亡，亨利七世仍安排时年12岁的亨利八世依照远古日耳曼部落的"弟承兄嫂"习俗接手了这位已经举办过一次婚礼的新娘。"亲等障碍"一直是令罗马教会在面对这些日耳曼部落出身的国王时头疼的问题。他们可以因为爱情而规避亲等，也可以因为新的爱情拉出亲等作为挡箭牌，而"天上之爱"衍生出的"骑士爱"又经常为这种事的发生创造条件。

1533 年，搪塞成习惯的罗马教会没有想到，12 世纪经院神学因为与世俗法通融而定义的"两情相好与肉身的结合才构成完成的婚姻"理论会导致逆转，以该理由特赦的婚姻又因同一理由被宣告无效：1504 年时，亨利父子以亚瑟的婚姻未曾圆房为由从罗马教廷争取到特赦，宣布亚瑟与凯瑟琳的婚姻无效，凯瑟琳改嫁亚瑟的弟弟；30 年后，业已成人的亨利八世又为与另一个女人成婚而宣称亚瑟其实在那场婚礼之后已尽夫道，所以亚瑟与凯瑟琳的婚姻成立，自己 30 年前缔结的那场婚姻才应该因触犯亲等障碍而被宣告无效。

更出乎教会预料的是，原本是一场为平衡欧洲君主间势力以"婚姻"为筹码的博弈最后出现这样的结果：1534 年，英格兰国会确认英国教会独立。由此诞生的《国王至上法》(Act of Supremacy)标志着英国圣公会的诞生，英国教会和罗马教会最终决裂。

亨利八世的六位妻子的故事在远隔几个世纪之后经常被作为传奇供后人瞻仰，其中不乏有关"爱情"的呢喃，虽然很多人也明确知道它从根本上来说是一场欧洲常见的政治联姻失败后的报复事件。

至于爱情在其中扮演角色的比重，如同布洛涅的《西方婚姻史》中统计的："从这个时候开始，王后的更迭就加快了……14年，他第一次婚姻持续时间的一半，国王娶了 5 个妻子。"促使亨利八世做出第一次决断与原配离异的，是那位他追求了 8 年、秘

/ 亨利八世为裁定自己的婚姻是否有效，亲自召集了宗教法庭，王后凯瑟琳出庭为婚姻的合法
性宣誓 /

密结婚 3 年后斩首的安妮·博林，他们的后代"童贞女王"伊丽莎
白一世以另一种方式献祭了爱情的誓言。

　　亨利八世所属的都铎王朝自伊丽莎白一世之后因无子嗣宣告
结束，随后的斯图亚特王朝则以另一种突降法结束：倘若说都铎
王朝是君主以砍王后的头出名，短暂的斯图亚特王朝则是因君主
的头被平民砍而垂名青史。

　　时至现今的温莎王朝，自温莎公爵以后任何与王室有关的
"爱情的风声"都会被人们关注。当以法国为代表的一些欧洲国家
用自恃"自由浪漫派"的口吻评点当今英国对于爱情如何保守时，
他们恐怕真的已经忘记了，直至 18 世纪英国与西班牙还都被视为
自由爱情的圣地。正是因为亨利八世自罗马教会夺得"婚姻"的
定义权，一直在婚姻附近隐现的爱情再次将主导权放归人间。

成为费加罗的
唐璜们

文 / 王星

新的社交方式对于见识过旧制度时代"大场面"的人来说不会有
什么严重后果，但缺乏社交锻炼的新兴市民阶层却很容易掉入
"风雅爱情"的陷阱。

风雅爱情

假如说亨利八世与罗马教廷的决裂是一次英国式的不流血的
光荣婚姻革命，费加罗式的"您得不到她"预示的法国婚姻革命
却有些动口动手不动心。戏剧《费加罗的婚姻》中费加罗的台词
已经显露出他和歌剧中的同伴的差别。凯鲁比诺吟唱着古典式的
"我有时兴奋，有时消沉"，费加罗则对着新娘苏珊娜表白："这些
日子，我觉得我的心非常激动。一看见女人就心跳，一听见爱情

和肉欲这些字眼，我就坐立不安，心烦意乱。总之，我需要对人说：'我爱你。'这个需要对我是那么迫切，我竟自己一个人也说，往花园里跑着的时候也说，对你的主妇说，对你说，对树说，对云彩说，对把我那些无的放矢的话和云彩一起吹散的风也说……"

法国作为"骑士爱"的发祥地之一，自路易十三起就习惯了王后主内、情妇主外的宫廷政治模式。那些因指派婚配而变得无害的"夫人"以洛可可的风格为君主们提供了文艺复兴式的服侍。法语中与爱情相关、原本暧昧的"amour"一词在这一时期以绘画或雕塑中"真人扮演"的方式回归人间：整个意大利文艺复兴时期以情妇为模特的画作尚需遮掩，在16世纪的法国却已成为某种可以炫耀的高级婚纱照。

就在对岸的亨利八世如同雏菊占卜一样轮番废弃王后时，法国亨利二世和他的王后却因国王情妇的存在做到了某种意义上的白头偕老。即便铁腕如美第奇的凯瑟琳，也不得不容忍亨利二世对比他大20岁的普瓦提的戴安娜骑士效忠般的爱情。由于与古罗马的月神同名，普瓦提的戴安娜又被以符合古风的赤裸形象呈现在遍布国王大小宫殿的绘画与雕塑作品里，至今在枫丹白露宫的花园中仍能看到见证这段历史的一尊月神雕像。

与对岸英国将爱情"欲行其实必先正其名"的价值观相比，在亨利八世与罗马教会决裂的那一年出生的蒙田的观点影响了更多的法国人。蒙田研读过大量古罗马诗人维吉尔的作品。维吉尔诗中将维纳斯描绘成"赤身露体、生动活泼、气喘吁吁"的形象，

/ 因为与古罗马月神同名，法王亨利二世的宠妃戴安娜
成为当时许多有关月神的绘画与雕塑的模特 /

严肃的蒙田觉得这样的维纳斯"对于丈夫来说有点过于激动了"，他相信："最脆弱的婚姻是由爱情结合的婚姻。结婚更主要的是为了生儿育女和家庭……在这种可敬而又神圣的亲属关系中随意放纵，也是一种乱伦。"

当婚姻中的爱情有成为"乱伦"的危险后，普瓦提的戴安娜的献身已经等同于"为拯救国王灵魂而牺牲"的高尚行为。从男性的角度看如此，从女性的角度看也是如此。17世纪浪漫小说中最煽情的段落之一描述了一位王子如何到了弥留之际才向妻子倾诉自己的爱："我把自己的大部分爱情向您隐瞒了，怕让您觉得不自在，也怕表达的方式与我这个做丈夫的身份不合，因而失去您对我的尊敬。"

当时的状况正如布洛涅的《西方婚姻史》中的描述："爱妻子是一件有失尊严的事，妻子会觉得爱是冒犯。情夫的爱可以原谅，因为情夫是轻浮的化身，是附属的；可是，一个完全依靠丈夫的妻子怎么能够信任一个有着和情夫一样弱点的男人呢？瞀目小爱神在彼特拉克笔下是胜利之神，被爱神绑在战车上的俘虏都是赫赫有名的大人物。难道妻子想看到自己的丈夫也受到这样的侮辱？"

时至 18 世纪，以爱情和维系婚姻名义存在的情妇或情夫逐渐成为每个有追求的法国贵族家中如同现代的手机一样维系情感的标配。模仿古典爱情场面的真人油画摆景成为沙龙中流行的消遣项目，因为文学中的爱情场面需要突破文字的障碍更易于被感官接受，戏剧也逐渐成为时髦。同样出身贵族的托克维尔在法国大革命前夕困惑：为何褴褛遍地却又如此纸醉金迷，人人都在以无关痛痒的口吻谈论着放大的爱。

以当时的伦理观，18 世纪的观众绝不会质疑博马舍是否懂得爱情。钟表匠出身的博马舍一生娶了三个妻子。第一场婚姻为他带来了宫中的任命、大笔财富乃至为姓名增添了贵族味道的"德博马舍"。然而这位忠心的妻子在结婚 10 个月后就神秘身亡。第二场婚礼举办于 12 年后，但这位妻子又在两年后神秘身亡。一般认为博马舍的第二位妻子是死于肺结核，但当时就有人猜测：博马舍的前两任妻子都死于毒杀。因财起意或许尚有可能，因情铤而走险绝不是博马舍的风格。无论是在哪一段婚姻里，博马舍身边都没缺了情妇，在朋友圈中有"懂得女人的好男人"和"顾家的好丈夫"的名声。在结束第二段婚姻16年后，博马舍迎娶了与他同居了12年的情妇。《费加罗的婚姻》正是诞生于同居期间。

作为莫扎特的歌剧《费加罗的婚礼》的脚本作者，达·庞蒂自身的情场阅历也绝不逊于比他大17岁的原剧作家。达·庞蒂出生在威尼斯，原名"埃马努埃莱·科内利亚诺"，是一个犹太家庭中的长子。他的父亲在丧偶后为了再娶皈依基督教。达·庞蒂的名字就得自为他施洗礼的主教。同一位主教为达·庞蒂和他的两个弟弟提供了学习的机会，达·庞蒂本人在23岁接受神职，成为一名教士。作为教士的达·庞蒂贯彻了天上与人间都是爱的信仰，情妇无数，还有两个私生子。1779年，30岁的达·庞蒂被教会法庭裁决"公开非法纳妾""掳掠贵妇"罪名成立，判处驱逐出威尼斯15年。正是流亡生活赋予了达·庞蒂机会，为莫扎特这部在21世纪的演出场次榜上排名第六的歌剧撰写脚本。

假如说歌剧《费加罗的婚礼》是18世纪的两位情场高手强强联合的结果，随后的《唐璜》堪称这个风流时代的终极巅峰之作：这个经典的浪子题材不仅对于达·庞蒂来说更加游刃有余，而且据说曾与132个女人有染的大名鼎鼎的卡萨诺瓦代笔了第十幕的歌词及对白。

贝多芬曾经因《唐璜》而谴责莫扎特："有些东西换作我绝对

/ 法王路易十六和玛丽·安托瓦奈特王后及他们的孩子们 /

不会谱曲。"推崇"费德里奥"式夫妻忠贞观的贝多芬当然不会认可将情人名单当作小调来吟唱。《费德里奥》首演于法国大革命爆发后的 1805 年，而《唐璜》的首演是在大革命爆发前夕的 1787年，当石像在终场宣称唐·乔瓦尼的"笑声即将在黎明终结"，即便莫扎特的配乐和达·庞蒂的台词都只是为达到单纯的渲染与修辞效果，舞台下的观众却未必都想得这么简单。

1789 年，法国大革命爆发。路易十六是法国波旁王朝中唯一不曾拥有情妇的国王，但他的家庭被革命党人指责为"淫乱之首"。潘宗亿的《法国大革命的文化起源》中曾就"书本是否铸成了法国大革命"进行过这样的探讨："读书率的提高还反映在文本需求量的增加，产生了为无力购买者提供的新兴行业，如阅览室、借书店，甚至以单行本的形式出租。

18 世纪法国出版书籍种类状况的主要特色是，宗教类书籍的出版数量与占有比例下降，科学艺术类、色情春宫文学、诽谤文学等书籍数量提升。宗教类书籍在 17 世纪末时仍占有 1/2 的比例，到了 18 世纪 20 年代则下降到 1/3，一直到 50 年代持续下滑到仅占 1/4，最后到 80 年代革命前夕则仅仅占有 1/10 而已，这显示了读者群在知识兴趣上的转变。科学与艺术类的书籍在 1720 年至1780 年间增长了两倍，在 50 年代仅占 1/4，到 80 年代则增长到占有 40% 的比例……

此外，秘密禁书目录中色情文学、诽谤文学等订购率也非常高……事实上，以春宫文学为例，学者多认为其与大革命有相当大的关系，其画作内容多为批判攻击王室分子，最有名的一个春宫文学的主题即在攻击玛丽－安托瓦奈特王后之荒淫，并讽刺国王：若不能控制王后或确定他是孩子的父亲，他将如何治理法国呢？此外，许多春宫文学的画家与作家也列名革命领袖之林，如萨德（Sade）。"

婚姻质变

除了"风雅爱情"，旧制度的婚姻制度也在接受考验。《西方婚姻史》记载："大革命在开始的时候依靠下层教士，并不想过早地去对付宗教问题。有关婚姻的事没有立即提到日程上来；制宪会议于 1790 年 7 月 12 日研究了婚姻问题，但没有做出重要决定。然而，1790 年 7 月 12 日至 24 日讨论通过的《教士的公民组织法》把教士们激怒了。拒绝宣誓的教士变得更加不妥协，宣了誓的教士也在盛怒之下要求将宣过的誓作废。主教拒绝依照 1789 年 8 月 11 日的法令赋予他们的权利对婚姻遇到障碍的人实行豁免，神父拒绝为可能引起争议的婚姻主持婚礼，尤其是天主教教徒和新教教徒结婚的婚礼。另一方面，面对大量的秘密婚姻，行事极端的人希望干脆将宗教婚姻取消。"

然而，法国人民终究还是以"国家"的名义把教会花了 19 个世纪的时间才确立下来的父权接了过来。在 1792 年的《夫妻新法典》草案里，第一篇第一条就将婚姻定义为："一种将公民和祖国、将祖国和公民结合在一起的社会联系。"此外，个人之间的结合还包含着最重要的义务："法律要求公民生儿育女，世代绵延。"因此，只有已经娶妻生子的人，才能够求得"公职"。婚姻变成了"善人对自然欠下的债，公民对祖国欠下的债"。反过来的结论是：一旦公民生儿育女，他将被视为结清债款，如果愿意就可以和妻子分手。

《夫妻新法典》中还描述了一个很富于戏剧性的公民婚姻仪式。公务员充当过去神职人员的主祭角色，手持宪法向新婚夫妇宣告："你们好，两位自由公民！请时刻记住把你们结为合法夫妻的法律；你们的友爱和利益，应该使那条把你们联结在一起的纽带永不松懈。（对新郎）自由的男人，（对新娘）自由的女人，（对四名证人）自由的公民们，千万不要忘记，我们这个宽厚仁慈的民族为之做出了重大牺牲的宪法，要由家长以及妻子和母亲的警惕性来保护，要由年轻公民的爱心来保护，（对全体参加婚礼的人）要由全体法国人的勇敢来保护。"新婚夫妇的答词是："自由万岁！民族万岁！善良的公民们，祝福我们吧！"甚至曾有议员建议：造一座国家圣坛，在那上面举行公证婚礼。

这种颇令人难以承受的仪式自然难以长久。1801年签订的和解协议恢复了宗教婚姻，但没有取消公证结婚。1804年，又被称为《拿破仑法典》的《法国民法典》诞生，这是对现代法国民法产生最重要影响的一部法律，它使用了《法学阶梯》的结构体系。近13个世纪后，编写出最早的日耳曼法的法兰克人的后代们回归罗马法体系。

《拿破仑法典》规定：必须在宗教婚礼之前举行公证结婚。关于怀念旧制度的人对于这项新制度的态度，可以从当年一部以1805 年为背景创作的小说中看到些影子。布列塔尼的一位贵族小姐不情愿地嫁给一个有钱的市民。为了避免婚礼公开举行，三个有关权威部门同一天派人去了城堡。"婚姻的三重纽带"分别由公证人、户籍官员和神父来体现。当然，是依照法律规定行事。可是，因为神父迟迟未到，没能为新婚夫妇祝福，新娘父亲就认为女儿的婚礼只完成了"四分之三"。最后那位上了年纪的神父确定不来了，新娘父亲只好再派人去请小姐一开始就拒绝了的新教牧师。结果，小姐一直觉得自己没有真正结婚。

与此形成对照的是，英国 1836 年颁布的婚姻条例才开始承认在政府机关登记的民事婚姻，1898 年的婚姻条例才不以举行宗教仪式为婚姻成立的必经程序。

爱的结晶

19 世纪不仅见证了大西洋两岸婚礼的质变，也见证了英国与法国在"爱情"形象上的对换：曾经被视为自由爱情的乐园的英国逐渐被贴上了"古板"的标签，而以国家的名义将婚姻捧上圣坛的法国成为自由爱情的新保护神。然而很快，法国社会上开始流行一种说法：结婚就是迎合"法国革命带来的市民习俗"。司汤达曾经记载，经常遇到"富有的年轻人以表现轻狂为荣，为的就是让人以为他们仍然像过去一样有教养"。

司汤达曾说："爱情之于我始终是至关重要的，甚至可以说是我唯一的大事。"在《论爱情》中他将爱情称为"结晶"，分为七个阶段：惊叹、幸福、希望、爱情诞生、第一次结晶、怀疑出现、第二次结晶。司汤达相信："能使爱情保持长久的是第二次结晶，在这个时期，人们时刻都会感到要么被爱、要么去死。又经过几个月的爱恋而成了习惯之后，你对爱愈来愈坚信不疑，难以想象会中止这种爱？个性越是坚强，就越不会对爱情不专一。在被过快地委身于你的女子所激起的爱情中，几乎完全没有第二次结晶。"

市民阶层兴起后带来新的生活方式，社交活动成了工作之余

/ 19 世纪意大利油画中描绘的罗马婚礼场景 /

的休闲，而不再是生活中必须做的事情。生活方式的改变使司汤达不时怀念旧制度下对于"风雅爱情"的某种奢侈："从前在法国宫廷中能够见到的那种真正的上流社会，我想自从1780年以来已经不复存在。那个社会于真正的爱情不利，因为它使'孤独'和'悠闲'几乎成为不可能，而孤独与悠闲于爱情的结晶过程却是不可或缺的。"

新的社交方式对于见识过旧制度时代"大场面"的人来说不会有什么严重后果，但缺乏社交锻炼的新兴市民阶层却很容易掉入"风雅爱情"的陷阱。如同布洛涅注意到的，包法利夫人似乎就是一个验证："福楼拜好像要将司汤达的理论发扬光大，把舞会的场面描写得令艾玛·包法利久久不能忘怀。如果那种舞会每天都有，她还会那么痴情地爱上鲁道夫吗？"

当问询爱情的权利的时候，人们更多是在质问自身爱的权利。在这一方面，貌似封闭的中世纪有时甚至做得更加超脱，因为他们至少还有天上的爱可以衡量。布洛涅认为："自然法婚姻理论，是基督教婚姻的世俗化。基督教婚姻一向被认为是神定的，人不能做丝毫变动。与一切革命立法（我们今天的立法大部分都是从革命立法中继承下来的）以之为基础的'契约婚姻'相反，'体制婚姻'错误地拒绝给予夫妇和立法机构以任何改变'基本规定'的自由。'基本规定'被认为来自神、来自大自然或者来自爱国精神。在这种情况下，主婚的既不是人，也不是国家，而是父亲的身份。以父亲身份做出的决定是不能拒绝的。后来，革命的空想主义者们又把这种既反对同居又反对正式婚姻的'自然'婚姻理论做了进一步发挥。在婚姻出现危机的时候，这种理论还会冒出来，时隐时现。"

除《费加罗的婚姻》及其前传《塞维利亚的理发师》外，"费加罗三部曲"中还有最后一部，故事发生在伯爵上了年纪之后，剧本上说他"变成了一个循规蹈矩、心平气和的老绅士"，"不再像年轻时期那样胡闹、荒唐了"。他甚至接受了一些资产阶级民主自由新思想的影响，在政治思想上也讲究"民主""平等"了。他不允许家里的仆人们再称他为"老爷"了，而要他们称他为"先生"。费加罗和苏姗娜仍然住在伯爵的家里，费加罗已成为伯爵家里的总管，"对他的主人非常忠心耿耿"。

从塞维利亚街头的"无事忙"与多情公子，到互称"先生"，费加罗与伯爵完成了从浪子唐璜到居家男人的转变。凯鲁比诺在此次故事开场前已经夭亡在战场上，他不曾在舞台上出现，却影响了所有人的命运。临上战场之前，凯鲁比诺与伯爵夫人的不复纯洁的暗恋孕育出一个私生子。凯鲁比诺在战场上留下一封与伯爵夫人诀别的血书，以表达他对伯爵夫人深挚的爱情至死不变。这封血书即将成为剧中一场对伯爵的家庭幸福造成威胁的阴谋的源头。毫无疑问，最后解救伯爵一家的还是费加罗。剧本的标题颇令人想起"原罪"：《有罪的母亲》。

比尔基埃的《家庭史》中这样分析过"家庭"（familia）的语源："'familia'是个拉丁词，它出现在罗马，从'famulus'（仆人）派生出来，但是它与我们平常对这个词的理解并不符合。'familia' 指的是生活在同一屋顶下的全体奴隶和仆人，后来又指 'maison'，一方面是主人，另一方面是在主人统治下的妻子、儿女和仆人。后来词义扩展，'familia' 又指 'agnati' 和 'cognati'，成了 'gen' 这个词的同义词，至少在日常用语中是如此。'maison' 是指生活在同一屋顶下的所有的人，'gens' 是指同一祖先的所有后代组成的共同体。"在《圣经·创世记》中，"骨中的骨、肉中的肉"是亚当对自己和夏娃的关系的定义，创造夏娃时上帝使用的说法却是："I will make him a help meet for him."（我要为他造一个配偶帮助他。）无论是爱情还是婚姻，消融于家庭后都现出了"相助"（help）的本源。

人们反复丈量爱情与婚姻之间的关系，经常是因为忘记了爱情的坐标。在历史上它们都曾经被定位得很精准，但后人总觉得那是 GPS 信号不好造成的误判。无论是爱情还是婚姻，其实都很像是放大镜下的样品，观察距离越远，越不易变形，只是它已经不再属于你能触及的范围。如同一句老话："过去的玫瑰存在于它的香气中，我们拥有的只是这个名字（Stat rosa pristine nomine，nomina nuda tenemus）。"

中　篇

—

你的爱情
是什么故事？

重塑爱情：
想要"在一起"，真不容易

文 / 苗炜

　　2012 年 2 月 1 日，波兰诗人辛波丝卡去世，她患有癌症，享年 88 岁。她在 1996 年获得诺贝尔文学奖，她的诗轻松、幽默，但主题严肃。许多中国读者是从几米的绘本或者电影《向左走，向右走》接触到她的诗歌，电影里，梁咏琪用波兰语朗诵这首诗："他们彼此深信，是瞬间迸发的热情让他们相遇。这样的确是美丽的，但变幻无常更为美丽。"辛波丝卡并不经常写到爱情，据说这首《一见钟情》激发了波兰导演基耶斯洛夫斯基拍摄电影《红》，而《向左走，向右走》更是以画面阐释这首诗，那样的相遇是美丽的，那瞬间迸发的热情是美丽的，也许是爱情中最美丽的部分。

　　每隔几年，都会有一部清新的爱情电影成为话题，2011 年的是《一天》。2009 年，小说《一天》出版，销量上百万册，作者是大卫·尼克斯，电影也是由他担任编剧。影片开始，是大学毕业狂欢之后的清凉街头，漂亮的爱玛与俊美的花花公子德克斯特相会，他们躺在床上，甜蜜地说话，但此后 20 年，他们的感情好像一直在若有若无地延宕。"有朝一日，沉湎于感官、欢悦和自我的生活多半会变得枯槁、消逝，然而在这之前还有充裕的行乐时间。"

男主角德克斯特信奉这条哲学，他和爱玛若即若离，直到爱玛意外去世。观众们在飞机上看到这部电影，在网络上看到这部电影，然后还会找到书，看一看德克斯特对爱玛说的那段刻薄话——

> 你认为，严酷、灰暗、沉闷才是生活的本色，同样也会去厌恨自己的工作、厌恨身处的地方，没有成就、没有钱、不交男朋友，这些都理所应当。你甚至在失落感和挫败感中寻求乐趣，因为这种状态比较省力，对不对？失败和不开心对你而言更容易承受，因为你甚至可以苦中作乐。你对生活感到迷茫，没有方向，掌不住舵、划不动桨，不过不要紧，没关系，因为 24 岁就是这样的。其实，我们这一代人都是如此。

这部电影节奏明快，甚至有点儿跳跃，但总有那么一段，会让你停下来，不跟着它跳跃了，陷入对自己的悲悯之中。是啊，我们对生活感到迷茫，不管我们是 24 岁还是 34 岁，甚至 44 岁，生活都好像太难了，可是，爱情不应该正好是生活中的一种慰藉吗？既然这两个人愿意彼此倾诉，那他们何不赶紧在一起？可惜的是，每个成熟点儿的观众都能从自己的生活经验中找出他们不在一起的理由，这个电影切合当下渴望爱情的年轻人的心态——想要"在一起"，真不容易。

社会学者一直在研究这个问题，为什么爱情，还有婚姻，变得这么难？他们发现了什么？康奈尔大学的一项调查说，原来女人也害怕结婚。一旦婚姻失败，就会陷入困境，伤痕累累。对于某些女性来说，结婚带来的好处微不足道——她们只是增加了一个需要她们照顾的人，而不是增加了一个能养家糊口的人。并非人们不想结婚，而是只想结一次婚。

社会学家艾娃·伊卢兹在接受德国《时代报》采访时说：我们都置身于一个井井有条、精打细算的世界。女性希望能够体验一些并不循规蹈矩的、不可预估的东西。性，便居于首位。被人追求过和被爱过对于一个人有着前所未有的重要意义，它关乎自我价值感。每个人都能感觉到，当自己被爱，就会觉得自己变得更强壮，更有生命力。

以后还有很多诗歌、小说、电影来描绘爱情，还会有心理学家、社会学家提出他们的理论，在情人节或者更多普通的日子，还会有很多玫瑰花卖出去，还会有人在卡拉OK厅里大声高唱，"爱情它是个难题，让人目眩神迷"。辛波丝卡的另一首诗，或许是爱情的最好结局，这首诗叫作《金婚纪念日》——

　　他们一定有过不同点，

水和火，一定有过天大的差异，

一定曾互相偷取并且赠予

情欲，攻击彼此的差异。

紧紧搂着，他们窃用、征收对方

如此之久

终至怀里拥着的只剩空气——

相遇，结婚，金婚50年，这好像是顺理成章的美妙人生，但是，爱情那一瞬间的美丽，还不足以回应漫长的岁月，诗人问道——

这两人谁被复制了，谁消失了？

谁用两种笑容微笑？

谁的声音替两个声音发言？

谁为两个头点头同意？

谁的手势把茶匙举向唇边？

谁是剥皮者，谁被剥了皮？

谁依然活着，谁已然逝去

纠结于谁的掌纹中？

你的爱情
是什么故事？

文 / 陈赛

在爱情中，你是警察、王子、外星人，还是一个殉道者？

爱情是什么？

一个有趣的吊桥实验是这样的：当一个实验对象走过摇摇晃晃的吊桥时（此时难免都会心跳加速、呼吸急促，心理学家称之为生理唤起），如果旁边有一位迷人异性相伴，他就会倾向于把这种生理唤起与异性的存在联系起来，以为自己陷入了情网。

这个实验让我想起阿兰·德波顿的《爱情笔记》，两人在飞机上相遇，谈到如果飞机出事，可能的死法。当取好行李，通过海关检查时，他们已经彼此相爱了。

爱情的毫无道理，由此可见。尽管如此，心理学家仍然努力为我们提供一些关于爱情发生的线索，比如我们会被外表的魅力迷惑，被熟悉感吸引，被喜欢自己的人吸引，被得不到的人吸引，我们的大脑还经常错将危险信号当作爱情。

还有一种"依恋理论"认为，一个人在成年后拥有什么样的爱情，与婴儿时代与母亲的情感模式有很大的关系。早期的研究将母婴之间的情感模式分为三种倾向：安全型、回避型和矛盾焦虑型。安全型的人对亲密关系感到安全，通常是温暖而有爱心的人；焦虑型的人渴望亲密，但过于投入，总是担心对方能否回报同样的爱；逃避型的人将亲密视为自我独立性的丧失，总是试图与对方划清某种界限。

爱情是一个故事

在所有关于爱情的答案中，美国心理学家罗伯特·斯坦伯格的答案大概是最简单的："爱情是一个故事。"

和所有的心理学家一样，斯坦伯格曾经追问爱情的本质，而且给出了非常精确可靠的心理学模型——爱情三角理论。

在这个模型中，爱情由三个元素构成：亲密、激情与承诺。亲密包括热情、理解、交流、支持和分享等内容。激情指性的欲望，以对身体的欲望激起为特征。承诺是爱情的最后一个成分，指自己愿意投身于并且主动维持与所爱之人的这种感情。斯坦伯格用激情来形容爱情的"热度"，用亲密来形容爱情的"温暖"，而承诺则反映了一种认知上的内容，带有一定的理性思考。

斯坦伯格认为，这三种成分的不同组合构成了千姿百态的爱情关系，而完整的爱情必须是三者的组合。他还归纳了爱情的八种类型：一、喜欢，只有亲密成分；二、迷恋，只存在激情成分；三、空爱，只有承诺的成分；四、浪漫之爱，结合了亲密与激情；五、友谊之爱，包括亲密和承诺；六、愚爱，激情加上承诺；七、无爱，三种成分俱无；八、完整的爱，三种成分集于一个关系当中。

但是，这个模型并没有回答一些更关键性的问题：是什么使一个人爱上这个人，而不是那个人？是什么决定了他/她爱的方式？为什么有些情侣可以白头到老，另外一些却如流星闪过？为什么我们在感情中一次次犯同样的错误，就像不同的人，在不同的地点，却遵循相同的剧本，就好像爱情的命运，从求爱到终结，从一开始就已经写好了？

最后，他放弃了心理学上的概念与分析，说，爱情在本质上不是分析性的，而是叙事性的。所以，理解一对情侣的思想和行为的最佳方法，是看他/她如何讲述关于爱情的故事，以及他们对于爱情理想的描绘。

有人相信亲密关系是合股关系。这是商业故事。

有人喜欢吓唬自己的伴侣，或者被自己的伴侣吓到。这是恐怖故事。

如果我的伴侣离我而去，我的生活将是一片空白。这是成瘾故事。

爱情是一场游戏，输赢的不确定性才是游戏的好玩之处。这是游戏故事。

还有人觉得伴侣就像外星人一样不可思议，难以理解。这是科幻故事。

爱情是一个故事，只不过作者不是莎士比亚、马尔克斯，而是我们自己。通过大量的访谈和实证研究，斯坦伯格一共总结了26个故事，包括童话、商业、收藏者、恐怖故事……

每一个故事都引导着对于一种爱情关系的描述。这与认知疗法中的"自动思维"道理相通。被访者甚至可能都没有意识到自己持有这样的观点，或者意识到这些观点与他们的爱情故事如出一辙。

有一些故事比另外一些故事更加深入人心，比如"旅行"（我相信爱情的开始就像一段旅程的开始，充满了兴奋与挑战）、"园艺"（我相信爱情不加照顾就会枯萎）和"幽默"（我认为在感情上太严肃了会毁掉感情）。

有一些故事则幸福前景黯淡，比如"恐怖"（当我感觉到我的伴侣让我感到害怕时会有兴奋的感觉）、"收藏家"（我喜欢同时约会不同的对象，每个对象符合某种特殊的要求）和"独裁政府"（我认为在一段感情中由一个人掌控绝大部分重要决定更有效率）。这些故事里的人物经常很快分手，缺乏长期的持久性。

1996 年一项对 43 对夫妻的调查发现，女性比男性更喜欢旅行故事，而男人更欣赏艺术故事（外表吸引力是寻找伴侣最重要的标准）、收藏家（伴侣被视为收藏品）和色情故事（满足伴侣的性需求和性趣味非常重要）。此外，男人还喜欢牺牲故事（我相信牺牲是真爱的关键部分）。最后一点很让人意外，但男人的确为女人认为非常重要的一些需求做出了牺牲。

此外，故事还与文化有关。文化总是支持某些故事，而反对另外一些故事。在今天的主流文化里，婚姻是一个关于真爱的故事，历史上大部分时候却并非如此。在一些文化里，通奸的故事会招致杀身之祸，在另外一些文化里它却不值一提。

爱情的预设

从故事的理论看，你之所以爱上某人，只是因为这个人身上的某种特质在一定程度上满足了你的故事对爱情的预设。

每一个故事都有一个关于爱情的预设，它不仅内化了我们对于爱情的理想，并受到我们的个性特征、成长背景，与父母、朋友、兄弟姐妹的相处方式，青春期的交往经历等的影响。对我们影响最深的主题，往往是那些最个人的体验（通常是痛苦的经历）。如果你曾经有过被拒绝的历史，对于拒绝就会特别敏感，即使对方并无拒绝的意思。于是，拒绝就成为你的爱情故事中的一个主旋律，并被编织到每一个情节之中。或者，你曾经遭遇过感情的背叛，即使在一段新的情感中，你也会不自觉地寻找对方不忠的迹象——欺骗已经成为你的故事的一个主题。

在感情的语境中，事实与虚构之间不可能划出一条清晰的界限。所以，我们的爱情故事不是历史学家的严谨之作，更像是虚实难辨的小说，其中既引用了真实生活中的事件，又加入了个人诠释，以强化戏剧效果。

正如康德所说，一切客观事物的本质都是不可知的。我们所能知道的，只是现实的表象。在爱情中，这个表象就是故事。你的故事不仅决定了你在爱情中的思考和行为模式，而且很可能是你了解自己最重要的工具。

可是，我们大部分人对此一无所知。常常有人抱怨自己在情场不走运，总是遇到同样类型的坏男人/女人，却没有意识到，是他/她自己下意识地寻找相同类型的角色来演绎他/她一直以来所预设的爱情故事。时间久了，故事经常变成自我实现的预言。

由此，我们也可以理解，为什么很多初相识的爱情都是幻觉或误会——你希望自己的故事能成真，所以，当你遇到一个在某种程度上与故事相符合的人，故事本身就会变成一个玫瑰色的滤镜。在滤镜映照下，他的言行举止处处符合你的爱情理想。

斯坦伯格的病人丽莎总是被强大而沉默的男人吸引。当她第一次遇到拉里，她花费了大量的时间来猜测他在想什么。拉里不经常恭维女性，所以每一次小小的赞美都能令她陷入狂喜。他们的感情迅速升温。对丽莎来说，理想的爱情故事是一切尽在不言中，平淡外表下隐含无限深情。但结婚3年后，丽莎才突然意识到，在拉里的沉默后面，不是神秘，而是空白。

我们在爱情的选择上经常让外人大跌眼镜，因为是故事而不是事实在影响我们的选择。更确切地说，我们不是爱上一个人，而是爱上一个关于这个人的故事。直到幻象散去，激情消失，你才发现自己原来活在一个自以为是的故事里，或者你不再喜欢自己正在演绎的故事。然后，我们开始创造种种分手的理由，诸如对方脾气不好、要求太多、交流不畅等等，就像我们一开始创造种种相爱的理由。

为什么一个人可以同时爱上两个完全不同的人？因为一个人的爱情故事不止一个。你可能同时想要做王子和警察，而且无法分清到底哪个角色对你来说更有满足感。

所以，爱情永远面对考验和诱惑，不仅因为喜新厌旧是人的本性，而且我们永远都有可能遇到一个更符合故事的人，或者前方可能有更好的故事在等待。在人生的某个点上，你必须决定，到底是继续寻找最完美的故事或伴侣，还是满足并珍惜当下已经拥有的情感。

在这一点上，积极心理学的观点听起来就是一个园艺故事。一段爱情的成功与否，不在于找到那个完美的另一半，而在于长久不断的浇灌与抚育。这与弗洛姆的观点是一致的，爱情首先是"给"而非"得"。这种"给"不是以交换为条件，更不是"自我牺牲的美德"，而是一种丰沛的生命力的展现。"给予"最重要的不是在物质财富的范围内，而是同别人分享他的欢乐、兴趣、理解力、知识、幽默和悲伤，即把他身上一切有生命力的东西赋予别人。

了解自己的故事

罗伯特·斯坦伯格曾说，故事理论给世间情侣最大的启发在于，一段感情是否幸福，能否维持，很大程度上取决于男女双方关于爱情的故事是否相匹配。

同一个故事中的互补角色最容易相处，比如童话故事中的公主与王子。或者，两人的故事足够相似，可以融合成一个新的统一的故事。比如一个童话故事与一个园艺故事可以结合，一方渴望被白马王子拯救，而另一方希望照顾一个人、精心培育一段感情。

一对恋人，彼此的故事不兼容，就像两个角色在同一个舞台上演出不同的剧目，表面看起来也许很相配，但一方渴望灰姑娘式的拯救，另一方在投资回报率上纠结，爱情不可能走太远。相反，一对《谁害怕弗吉尼亚·伍尔夫？》式争吵不休的夫妻可能在外人看来难以长久，却因为对于战斗的共同需求而保持爱情历久弥新，白头到老。

所以，你想有一段幸福的感情，就要从理解自己的故事开始。你到底想讲述一个什么样的故事？故事的主题是什么？在过去所有的感情中，最吸引你的是什么样的人？那些你最终失去兴趣的人是什么样的特质？……然后，寻找那些与我们的故事相符合的人。当然，你也可以修改自己的故事，毕竟你是自己故事的作者。

但是，心理学上有一种叫"确认偏差"的认知偏见——人们总是倾向于寻求与自己确信的事物相符的信息，而尽量避开可能与之抵触的信息。爱情也一样。我们总是尽量避免对已经预设好的爱情故事加以变动。

改变故事是一件伤筋动骨的事情。它涉及重新组织大量的信息，承认自己的错误和对感情的不确定，重新评估对另一半的感觉和信任。比如一个丈夫有了外遇，被妻子发现后，很快承认并结束了外遇，从此没有再犯。但对妻子而言，他们的感情已经发生了根本性的变化。因为她的爱情故事变化了：他曾经是罗密欧，如今却成了唐璜，他的一个正常举动在她眼里也可能变成对别的女人的勾引。除非这位妻子改编一个更可行的故事，否则只能陷在唐璜的故事里痛苦。

事实上，很多试图改变感情的努力之所以失败，就是因为他们只想改变认知、感觉或者行为，而不触及影响这些所有体验的根基——故事。

在一段感情的成败中，故事既是因，也是果——它影响我们的感情生活，也被感情生活改变。一些最初并不现实的故事，比如童话、神秘故事，在现实的压力之下（抚养孩子、支付账单）可能会逐渐变成商业故事。有时候，心理治疗也能帮助我们从一些危险的故事（如恐怖）转移到更有前景的故事（如旅行）上。

当我们发现伴侣身上越来越多的优点时，故事会变得更好。但如果一个人的故事一直停滞不前，找不到任何新鲜的内容，则倾向于往消极方向发展。这与心理学上两个普遍现象有关。第一个是"负面信息效应"，即在对一个人的评价上，一则负面信息的效果比100则正面信息的效果更强大。第二个是"基本归因错误"，即人们在考察一件事情的因果关系时，常常低估行为的情境因素，而高估人格因素。比如夫妻双方都是急脾气，一方却认为自己之所以发脾气，是因为对方的行为不可接受，而对方的脾气则是基本的性格缺陷。

匹配爱情：
条件、感受、关系规范

文 / 贾冬婷　王玄

某机构的一项研究结果显示，条件、感受、关系规范，是人们理解爱情的三个向度。经济、地位等具体条件，或是激情、浪漫等抽象的个人感受，都被用来解释爱情。但是，一半以上的受访者更加认同爱情是一种社会关系规范，表达了对恋爱双方承担责任、体贴互助的期待。

条件

34 岁的古新（化名）是土生土长的上海男人，对于他最近一次相亲的失败，他说："没感觉。"为什么没感觉？"第一，她不够漂亮。第二，嗯……还是不漂亮。"最近一两年，他会规律地与亲友介绍的相亲对象见面，每年见上六七个人。会面的前奏是各种条件的适配："首先会看照片，不要求特别漂亮，但要有气质，漂亮些当然更好，但我一摸口袋，还是觉得不能太挑剔。"他在一家德国企业做技术支持，口袋里有税前 20 万元的年收入，家中有房，没有买房压力，每年一半以上的薪水能存下来，目前已经有了一些积蓄。即便这样，他觉得自己在婚恋市场上依然没什么竞争力。

"我们以往对用户进行的调查显示，排除人品的选项，男性最看重女性的外貌，女性最看重对方的工作能力和经济能力。"某婚恋网站的婚恋专家坦白地说。婚恋网站的基本功能在于，将"对我好""善良"这些抽象的择偶想法，变成具体的条件，然后帮助用户"找人"。

因此，婚恋网站对"条件"的倾向特别敏感。"事实上，观念和行为是有偏差的，'男看貌、女看财'在真实的择偶过程中会更加明显。"这并不是一个新鲜的说法。自从 20 世纪中叶乔治·霍曼斯提出社会交换论，社会学家们就不断地用它来解释婚姻，其中最常见的判断是，男方用自己的社会经济资源来交换女方的外貌、性和家务服务。

某婚恋网站对一位活跃用户进行过观察："那是女神级的人物，二十四五岁，特别漂亮，一年的收信量是 6000 多封，平均每天近 20 封，而普通用户每天的收信量是两三封。"在择偶过程中，外貌的认同是最初的阶段，之后才是个性爱好、价值观的匹配，这是心理学研究出的规律。

"国外最近流行的一款交友软件，它的功能非常简单，就是不断地给你发送异性照片，对于每张照片，你可以做出两种选择，'喜欢'或者'跳过'，如果对方恰好也'喜欢'你，那么你们可以在脸书上深入交流。"

婚恋交友软件非常多，如果我们随手打开一款交友软件，系统根据算法推荐的用户照片就会跳出来。外国人的照片，大多数衣着更正式，梳化得体，让人觉得很有魅力。但是中国的交友网站上，很多人的照片都太生活化，尤其是男性，不拘小节，让人觉得不够可信。

而那些从照片上就看得出比较可信的高端男会员，通常不会自己在网上搜索、收信，他们会支付从 3 万元到 15 万元不等的费用，购买优质的线下服务，让红娘一对一地为他们寻找适合的伴侣。

"他们经济条件优渥，十分自我，很少找咨询师咨询、探讨情感问题，直接就让红娘去找人，首先要年轻漂亮，但是在此基础上，也要学历高、有教养，条件很高。"周小鹏是某机构的首席婚恋专家，这是她对高端定制男会员的速写。

而对于数量众多、没有专属红娘服务的线上用户来说，他们常常需要"相亲助手"的帮助。"相亲助手"数据库里有 1400 多道常规问题，大到婚姻家庭观，小到"你喜不喜欢吃大蒜"，做出选择后，系统会为你推荐有相同选择的异性。用户每回答一个问题，实际上是为自己的择偶增加了一个条件，通过一个一个的条件匹配，不断地缩小范围，增加寻找到伴侣的可能性。

选择的过程并不美好，开始时，你觉得跟 10 个人都合适，发出 10 封信，可能只收到一两封回复，最多的是失败的经验。

古新有相似的感受："相亲不像生活中自然地结交朋友，你交朋友的时候是不会设定条件的，你会慢慢发现她的优点，最后成为朋友。但是相亲从一开始就有一套标准，你们的交往是一个不断去匹配标准、不断扣分的过程，这个过程是很痛苦的。"

很多社会学家会用"婚姻市场"理论来解读择偶模式，认为未婚男女是市场的潜在交易伙伴。而当这个虚拟的交易市场真的由婚恋网站、相亲会所赋予现实感后，它显得有点残酷。

"普通人的爱情观"研究结果却并不反映这种残酷景象。社会学学者徐安琪进行的调查数据显示，在 701 个被统计样本中，"物质基础"仅被提及 63 次，而以其作为爱情唯一内涵的人则微乎其微。在男性最看重的择偶因素中，"容貌"排名第 22 位，远远低于孝敬老人、善解人意和温柔体贴。

感受

周小鹏从某婚恋网的基层红娘做起，到现在成为首席婚恋专家，接触过无数的择偶案例，她从来不相信一个人的婚恋问题能够完全依赖婚恋中介、靠一个个现实条件的筛选来解决。"我们提供的只是一个平台，用具体的条件来帮助用户拓展和划定一个范围，但最后能不能找到适合的伴侣，还要靠用户自己的感觉。"

不久前，她为年近五十、事业有成的高端定制女会员 L 女士提供咨询服务。"她是那种低调、优雅、细致的女人。每次给来访的客人准备水果之前，她都一定会洗一遍手，并不是因为手脏了，而是她担心手上的护肤品沾到水果上。就是这样一个女人，她对男性的要求也是从里到外都细致、体贴、解风情。"L 女士希望男方首先从外表上看要很儒雅，红娘帮她在核心资料库里按照收入、年龄等条件进行基本筛选，然后再人工筛一遍，排除那些不够"儒雅"的人选，最后挑选几位匹配度高的男性安排见面。大半年时间过去，L 女士的择偶过程毫无进展，那些条件不错的适龄男子全都过于平庸，对她毫无触动。"我告诉她，不要只依赖红娘为她推荐的对象，在咨询的过程中明确了自己的需要后，可以亲身通过各种途径去寻找对象。"周小鹏说。

L 女士第一次自己登录网站，在搜索框里输入她的要求，数十个搜索结果，一个一个仔细去看。看到男会员 W，她忽然停住，"感觉不错"，发线上消息过去，索要联系方式。"后来我们一看 W 先生的资料，他其实就在我们的资料库里，但是在我们看来，他的外表比较'粗犷'，实在不符合'儒雅'的要求，就被淘汰了。"他们很快相约见面，W 先生选择了一家年轻人很喜欢的热门咖啡馆，L 女士走进咖啡馆的玻璃房子，北京秋天的阳光直射下来，她马上被这温暖浪漫的气氛感染了。从事设计行业的 W 先生身材壮硕，开口说话却有着与外表不太相称的温和，他们从咖啡馆的选择聊起，L 女士发现他的生活品位跟自己很相近。聊着聊着，W 先生忽然说："今天天气这么好，咱们去旁边的公园散步吧。"L 女士心里暗暗惊讶，完全没想到他会提出这个建议。她已经很久没有跟异性一起在公园散步了，他们在绿地间悠闲地走着，她感到十足的浪漫，两个人的手自然而然地就牵到了一起。

"很多人说年纪大些的人不爱浪漫，我觉得这跟年龄没什么关系，理性人和感性人的情感需求就是不一样的。现在 L 女士和 W 先生相处得很好，两个人每天下班一起在家烹饪，生活很有情趣，跟年轻的热恋情侣没有区别。"周小鹏说。

赵庭（化名）跟 L 女士一样有着对浪漫爱情的期待，但她的运气似乎不太好。聊起自己的婚恋观，她总是会先联想起 5 年前购买的那份商业年金保险。"我耳根子软，那个保险推销员一直给我打电话，我实在受不了，就想要不凑合买一份吧。"除了最初一次性交付的几万元，她在未来 20 年中，每个月都要交付几百元的保费，20 年之后开始获得保险收益。"当初迫于推销压力，稀里糊涂就买了这份保险，但是没想清楚成本和收益，谁知道 20 年以后的物价、市场会是什么样子？与其冲动投入，还不如拿这些钱来做一些喜欢的事情。"

"我觉得投入一段关系，就跟买这份保险类似，千万不能迫于压力而凑合。"她大专学历，收入中等，对男方要求不高，条件差不多即可，但认为两人相处，一定要感觉"舒服"。什么是"舒服"？"我不知道，但我知道什么是不舒服、我所不喜欢的。"她跟一个条件匹配的男士在咖啡厅见面，对方放松地靠坐着椅子，将手随意地搭在隔壁桌空着的椅背上。"我当时就很反感，不知道为什么。他的行为并不是不文明，但那种随意的状态让我觉得他跟整个咖啡厅的氛围格格不入。"心里突如其来的厌恶感重过之前的一切评价，两人从此再无往来。赵庭 32 岁了，她会不时被身边亲友提醒找个人结婚成家，但遇到的人没有一个让她感觉舒服、心动。"也许我该先把自己的'少女梦'放弃掉。"她叹了口气说。

对于 L 女士和赵庭来说，抽象感受都是她们在评价爱情、选择伴侣时的重要考虑。在爱情观调查中，"快乐的""浪漫的""缘"这几种说法也各有 10% 左右的提及率。但那些完全用个人感受来理解爱情的受访者并不多见，这些词语常常与物质基础、理解、责任等非感受性的描述同时出现。

关系规范

"你心目中爱情的含义是什么？"赵庭停顿了两秒钟，答道："感动，浪漫的感觉，相互理解。"

几年前，徐安琪和同事进行"普通人的爱情观"研究时，问的就是这个简短的问题。他们采用多阶分层概率抽样方法，在上海和成都分别选取了 500 个和 300 个适龄未婚青年（男 22~30 岁，女 20~28 岁）作为样本，以开放式问题的形式调查了他们对爱情的理解。

800人中，未答或答"不知道"的有28人，认为"难说"或"说不清"的12人，"不相信有爱情"的有3人。研究者对余下的回答进行编码归类，提炼出了16个主要类型，涵盖了701人的表述，分别是：缘、感觉、感情好、责任、体贴互助、心灵相通/相知、尊重互让/包容、有共同语言、物质基础、真诚/信任、付出、相处和睦、快乐/幸福的、浪漫/神圣的、激情、平淡。其中被提及频率最高的是158次的"体贴互助"、140次的"责任"和136次的"心灵相通/相知"。

徐安琪发现，这16种表述还可以被进一步归为三类。一类是从对爱情的个人感受出发，描述爱情是"激情""浪漫/神圣的"。第二类说的是爱情的前提或条件，比如"有共同语言"、有"物质基础"。"只有不到10%的人提到了爱情的物质基础，以物质基础作为爱情全部的人就更少了。现在恋爱、结婚成本在增加，社会风险、社会分化程度都比过去高，人们明确和适当提升物质要求也是可以理解的，这只能说明人们面对爱情和婚姻更理性，而非更物化。"

第三类是将爱情看作一种社会关系规范，强调对恋爱双方相处规范的期待，出现频率最高的"体贴互助"等三种表述皆属此类。在调查中，64.8%的人对爱情的理解体现了关系规范的取向。这可能与人们的生活经验有出入，徐安琪解释："文学、艺术作品里谈论的爱情多半是浪漫的、感受性的，但是实际上到了普通人这里，爱情更多被理解为一种关系规范，甚至包含了权利、义务和责任的内涵。"

古新仔细想想，自己过去几段开端良好的感情并未深入，问题就出在"关系规范"上。"我的性格很直很急，脾气不够好，遇到不认同的事情会很生气、甩脸。过后冷静下来又不会去哄女孩子，这个技能太难学了。"他的直白对于女性来说是不够尊重和体贴，她们率先提出分手时，他不知所措："我觉得还没到要分手的地步。"几次之后，他开始有意识地改变自己与女友的相处模式。"我打电话过去，对方不接，过后也不回电，没关系。遇到重要的节日和纪念日，对方不记得，不重视，没关系。"他能在这些行为方式上坚持一两个月，"时间一长本性就会暴露"，自己那些强烈的好恶又会不自觉地显现出来。"她不是你妈，不会无条件地去接受你的个性。最好的关系是大家各让一步，但我还没做到，也还没有找到愿意包容我的人。"

"我的父母感情很好，但平时也少不了摩擦争吵。"赵庭说，"他们了解彼此的习惯和缺陷，知道改变不了，只会包容，吵架不过是出于一时意气。出现更多的场景还是他们一起买菜做饭、照顾家庭。"父母的婚姻成了她的范式，一个工人和一个商店店员，两个那么普通的人，相扶相携，竟然一同度过了几十年的岁月。"我和一些同龄人一样，年龄在长，感情没长，吵架时转身就走，不太负责任。与父母相比，我们少了一点儿坚持。"

在徐安琪和同事之后进行的另一项关于"家庭幸福观"的研究中，他们发现，恋爱中对于关系规范的期待延续到了家庭观中，像赵庭的父母一样，多数受访者从良好的关系互动中感受到了来自家庭的幸福。

研究同样采用开放式问题，对上海 1200 个和兰州 1000 个家庭成员进行提问，将答案编码成 16 种表述类型，53% 的人认为幸福的家庭是"和谐团结"的，"健康平安"和"收入无忧"分列第二、第三位。聚类分析后，16 种表述又可以被划归为三类，分类与爱情观研究一致，关系规范取向的"和谐相处型"家庭受到 40% 受访者的认可，条件取向的"经济安全型"约占 1/3，感受取向的"感觉良好型"相对被提及最少。

"感受良好型"的家庭被认可更少，并不意味着人们不再注重个人感受，在徐安琪看来，那是爱情中的浪漫、激情在家庭中被转化成更稳定的感情。被问及"维系婚姻的纽带是什么"时，57% 的受访者提及"亲情/感情"，其次是"责任/良心"和"子女"。选择"爱情"的人占 22%。"没有选择'爱情'或'亲情/感情'的人不到 1/3，说明大部分婚姻还是以情感为基础的，并不像某些人所臆断的当今社会流行'凑合型'婚姻。"徐安琪提到，1996 年，她曾经做过同样的婚姻调查，那时选择"爱情"的人只有 5%。

在家庭观调查中，经济因素的重要性上升了，经济无忧成了幸福家庭的保障，但绝不是唯一的。"把职业、收入和住房条件这些因素作为唯一标准的人是极少数，只有 3%，大部分人同时考虑了经济和非经济因素。"课题组得到的主流回答类似这样——一位来自兰州农村地区、高中毕业的 25 岁女性说："（幸福的家庭是）

同甘共苦，相互尊敬，相互信任，相互爱着彼此。而且要有一个聪明可爱的小宝宝围绕着。最主要的是全家身体健康，最实际的是赚多多的钱。"

"和谐团结、体贴互助、尊重平等这类关系规范在家庭观调查中依然被看重，说明普通人观念中美好的爱情和幸福的家庭之间有关联性、一致性。"徐安琪说，良好的关系规范是连接爱情和家庭的节点。

对于古新来说，他的困惑是，虽然已年过三十，自己却在感情上过于晚熟，意识到婚姻的价值，但不知道如何好好地经营一段关系去实现它。"我妹妹的孩子今年满一岁了，他们夫妻带着孩子回家看望父母，爸爸妈妈抱着孩子时喜悦的眼神让我的心剧烈地颤动了一下。也许有一天你走在街上，会偶然看到一位六七十岁、孤独一生的老人，那时你就会知道他年轻时做错了什么。"

爱情不说话

文 / 黑麦

"不说话，就没有争执，但会有误会。"有一段时间，阿羚也担心过他们的异国爱情是一场"误会"，因为从相识到谈婚论嫁，一切都显得草率和仓促。

苏迪踩着踏板摩托车穿行在加德满都的小巷，身后坐着他的中国老婆阿羚，3岁半的王熙萌坐在两人中间，每天，他们都用这样的方式接送儿子上幼儿园，之后，苏迪会带着阿羚在尼泊尔采购，维持着他们的淘宝网店。

这个在20世纪60年代被西方称为"嬉皮运动第二故乡"的加德满都仍旧保持着当年某种慵懒的沉睡状态，在这里几乎没有一幢现代化的都市地标，没有一条繁忙的马路，一些低矮甚至有些破旧的房子密集地散落在这个山谷中。住在这里的人多数信仰印度教，他们敬畏神灵也崇尚安逸，几乎每个人的眉间都被点上了提卡（Tika）红点，这是他们祝福彼此的日常习俗。在巴格马提河上，随处可见玩耍的孩童、闲谈的年轻人，小贩也不张口叫卖，最大的投入也就是向走过的人微笑片刻。

吃过晚饭，阿羚躺在床上，似乎想和她的丈夫比画点什么，比如早餐或是换洗床单之类的事情。此时，她3岁的儿子拿着玩具在屋子里跑来跑去，她拿起手机拍了张照片发到朋友圈，写上"小朋友越来越淘气"之类的话。阿羚住在苏迪家的房子里，与很多尼泊尔家庭相似，几辈人的大家庭生活在同一住所中，在阿羚看来，住在这里很舒服，"气候好，空气和水比北京干净，儿子在这里可以同时学到三种语言，还有一大家子人可以相互照应"。

2010年6月，阿羚结束了6年的互联网运营工作，打算给自己放一次长假，再回到北京重新计划生活。因为"我爬过沙漠去看青海，金色的油菜花儿正开"这句歌词，她走完抒情小品似的几个文艺景点后，买了张到达青海的机票。背包还没烂，心情也没有什么期望，或许就是想离开北京去外面走走，阿羚想把年初那段无疾而终的无聊恋爱的后续情绪打发掉。伴随着不断循环播放的"坐上了火车去拉萨，去看那神奇的布达拉，去看那美丽的格桑花呀"的旋律，火车穿过草原越过山川翻过了唐古拉，在西藏，阿羚似乎真的体会到了畅销小说中的那种"升华"。在拉萨办了15天的尼泊尔签证，阿羚买了张最慢的大巴车票，拎着背包去感受不一样的"异国之旅"了。

在拉萨办签证的时候，阿羚搭上了两个一起坐大巴去边境的伴儿。"一个人走久了有点闷，二是，我的英文烂得一塌糊涂，有个英文不错的同伴，路上能方便些。"阿羚说。两男一女一路相伴来到了加德满都，从来不做旅行计划的阿羚，也在同伴的热情下定出一些旅行计划。就像所有第一次来尼泊尔旅行的人都会在泰米尔附近玩乐，三人在那选了一家本地人开的花园式家庭旅馆住下。

第二天吃早餐时，阿羚建议那个英文不错的同伴打听一下"孤独星球"的推荐在当地是否靠谱。恰好斜对面有两个当地年轻男孩在抽烟聊天，几句对话之后，两个男孩热情地走来，其中一个是苏迪，另一个被他们叫成"马铃薯"。在先后问了对方"你从哪儿来""你叫什么名字"之类的初级英语对话之后，所有人相继陷入沉默，只是一直看着彼此傻笑。苏迪一直看着阿羚，像是在安慰"语言不通也没关系，我陪你们一块儿笑吧"。接下来的几天，男孩儿们作为向导带着他们一行开始游览加德满都，性格温和、不善言谈成为阿羚对尼泊尔人苏迪的最初印象；因为一个劲地傻笑，当初的苏迪也认为阿羚就是那种有些单纯的中国傻姑娘。

此前，阿羚曾经在网上看到过关于尼泊尔男人的传言。"很多人说他们看似无所事事地聚在广场，其实专瞄一些单身女游客，跟着游客以向导的名义免费吃喝，然后展开爱情攻势。游手好闲的尼泊尔男人凭点姿色和把妹技巧，最终达到结婚目的从而借婚姻之力走出国门，摆脱相对贫困的尼泊尔。这些人也会希望你来资助开店，从而过上所谓的好日子。"

在想到这些后，阿羚开始对这两个"过度热情"的尼泊尔男孩产生警觉。三个人决定在次日凌晨不辞而别。早上6点，天刚擦亮，三个人打包好行李退了旅馆，准备前往尼泊尔出入境管理处重新续签，之后前往博卡拉。三个人在过去的一周时间里从来没操心过如何抵达目的地，结果用了三个小时的时间才抵达移民局，其间，阿羚收到了苏迪的两条短信，大概意思就是：你们去哪儿了，你在哪儿？接着一条：快点回来，今天计划去我家吃饭。又接着一条：请不要离开，我去找你。一连几条显得很急促。

当阿羚三人来到签证处时惊愕地发现，苏迪和马铃薯已经等在了门口，脸上带着一点怨气地向他们笑着。阿羚回忆道："当时我觉得我们有些卑鄙，居然还用了逃跑的方法。"苏迪径直走向阿羚，一把抱住她说："你不要跑掉了。"阿羚后来才得知，当苏迪来到旅馆发现他们不见了以后，就在泰米尔一路走一路问，并赶在阿羚一行人前到达了签证处。在苏迪期待的眼神下，阿羚决定和伙伴们分开。苏迪不知道从哪儿搞来了一辆摩托车，他将阿羚的行李绑在摩托车后座，风驰电掣地载着心情略有些糟糕的阿羚回到客栈。

苏迪再次成为向导，又开始载着阿羚游览起来，他总能带着阿羚走偏门的小路，看不常规的风景。在山顶的时候，他用印着字母的塑料珠子在阿羚的手上拼出"I like U"。阿羚回想道："这个男的这么幼稚啊，才认识几天你就喜欢我，喜欢什么呢？我长得不好看，也不会讲一串一串的英文和你交流，就算喜欢我，我过几天就要离开，能怎样呢？总之，我并没有心花怒放的感觉，反而有一点点失落，觉得这样的表白好随意，转头看他的眼神又似乎有点认真，所以慢慢就觉得有点不一样了。"

有天吃完早餐，苏迪站在客栈的楼顶指着远处跟阿羚说："我的家在那边，你要不要去玩？"阿羚想了想，觉得可以，于是苏迪很高兴地给家里打电话，说有朋友要去家里吃饭，意思是让妈妈做点好吃的。阿羚简单收拾了一下自己，苏迪提醒道，他有一个18岁的妹妹，刚刚考上大学，如果是第一次去他们家，希望她能够带一个小礼物，于是，阿羚大方地买了一套衣服作为礼物。

从客栈出发需穿过几条狭长的巷子，走出来便看到一座三层小楼，那就是苏迪的家。阿羚挂着一脸微笑来到家中，她似乎也看出了这一家人对她不同寻常的关心与热情。吃过抓饭，苏迪的妈妈还专门给在上班的苏迪爸爸打了电话，叫他回家见见客人，爷爷和奶奶也似乎有很多话想和阿羚谈。

后来阿羚才知道，原来是苏迪前一天的表白，并没有遭到阿羚的反对，因此他欣然地以为阿羚接受了他，并希望得到家人的支持。苏迪的爸爸似乎是全家唯一不太高兴的人，他觉得阿羚这个外国女孩很难融入尼泊尔家庭，也会担心宗教、生活习惯和语言沟通问题。

"由于我有限的语言能力，以及担心搅乱这个温馨的家庭场面，就笑着附和着，被苏迪拉着的手，也就一直没有缩回来。这显然给了他更多的鼓励，他也不顾及父亲的反对，我也就那样配合着他，整个下午，他的手都没有松开过。"

傍晚的时候，苏迪和阿羚两人步行来到杜巴广场，这个满是鸽子的广场上还有几对中国的年轻情侣拍着婚纱照。照理说，广场上的士兵是不允许当地情侣在这个广场上做出亲密举动的，苏迪将拉着阿羚的手移到她的肩膀，穿过广场。

"结婚。也太快了吧！"几天后，在阿羚听到苏迪嘴里嘟囔着这个词儿的时候，她心里就想："我根本就还没来得及考虑我有没有喜欢你。"虽然有些唐突，阿羚仍旧没有任何反感，她心里默念着："这只是一次奇妙的艳遇吧。"

第二次跟苏迪回家吃饭，家里人已然认定她就是正式女友，苏迪骑着摩托车带阿羚上山看湖，去他觉得最美的地方。"我也适应了他这个一头热的状况，心里边也慢慢地觉得这样也挺好，因为似乎没有任何一个人，为了讨我开心，为我做那么多事。"

苏迪说阿羚的英语不好，那就不用讲话。"那天晚上，我比画着要去博卡拉，苏迪就说要漂流着去，当天他就找来八九个兄弟一起划皮艇，就我一个女的，我们在河里漂了四五个钟头，晚上在河边搭帐篷。我第一次看到那么多的萤火虫，也第一次看见那么多星星。"

最后，苏迪和阿羚还是搭车到了博卡拉。除了费瓦湖以外，阿羚觉得当地很无聊，倒是苏迪每天都兴高采烈地带她去见各种朋友，吃他认为最好吃的东西，听他喜欢的摇滚音乐现场。"他跟身边的所有人说我是他的'budi'，很久以后我才知道这是尼泊尔人称呼妻子的意思。可能正是我这么稀里糊涂地不搭腔，他才一次又一次地上升了你情我愿的意思。后来，他问了我一句要不要跟他结婚，我说不要。"阿羚说。

"在认识不到一个月的时候，求婚在我心里就像是一个玩笑，虽然想要认真对待，毕竟还是觉得冲动的成分居多。在去博卡拉之前，苏迪妈妈找了一个裁缝给我量体裁衣，我心想阿姨还挺客气的，才来几天就给我做衣服。从博卡拉回来没几天，我才得知……天哪，第二天就是我的婚礼了！家里人居然要安排我们结婚了！我虽然被吓到了，但还是认真地穿上了为我量身定做的纱丽，我就是觉得那衣服可真好看，穿上拍张照也不错，但我并没有同意马上结婚。

"我跟兴高采烈的大伙儿说，结婚在中国是非常重要的事情，我必须要和我的家人商量才能做决定。就这样，我就只穿着红色的结婚纱丽拍了拍照片，但是答应了她的妈妈，我先和我的家人商量，3个月后会再来尼泊尔完成婚礼。其实我当时的想法是，先把他们稳住，以后的事情再说，反正我回国之后会发生什么事情也都无法预料。

"但是这个承诺既然说出来了，内心还是想再过来的，就算不是结婚，也可以来看一看善良热情的家里人，我很喜欢这个和睦的大家庭。虽然苏迪和这个家庭不搭调，他的家人很传统，而他，是个满手臂文身的朋克乐队贝斯手，这样的反差也算有趣。他喜欢我，也许觉得结婚了，就像吃了定心丸，他是怕我像上次一样无声无息地跑掉。"

回到北京，阿羚的很多朋友都觉得她疯了，竟然会和一个言语不通的人交往，还是异地恋、姐弟恋、"旅游景点儿"跨国恋。姐妹们也纷纷拿来电视剧里的招式劝她和平分手，或是保持朋友关系，阿羚也想认真考虑一下这段情感，好在阿羚的妈妈对此并不反对，毕竟女儿已到了出嫁的年纪，既然有打算，想清楚就行。

阿羚和苏迪仍旧保持着紧密的联系，他们通过 Skype 和脸书不间断地聊天。加德满都和北京有两个小时的时差，那里经常停电，网络也没有入户，苏迪几乎住进了泰米尔的网吧里，每天等着这位中国姑娘的出现。阿羚也会时常打开聊天工具和翻译软件，用这样的方式回应他的每一个问候。

阿羚偶尔会翻出在尼泊尔的照片，她总觉得这个男孩除了真心倒也没什么特别的，突然她意识到："真心不是很难得的吗？"阿羚给了自己一个期限——两个月，如果这个小伙子仍旧坚持着，就答应他。"只要心里接受了他，一切就不再是问题了。"阿羚决定两个月后再次去到尼泊尔，尝试一下这段感情。

2010 年的平安夜，阿羚来到了中尼边境樟木，因为天色已晚，她打算第二天一早再出境。抵达樟木旅馆，已经晚上八点多了，阿羚想到边境可能有尼泊尔的电信信号，就翻出之前买的电话卡插进手机。不到一分钟，电话就响了，苏迪的声音听起来很激动，他讲自己在友谊桥上，桥已经关闭了。原来苏迪并不知道阿羚几点才能到达边境，从下午就开始呼叫阿羚的号码，几乎每几分钟就会拨一次。此时，阿羚的心里有一点感动："我大概能够体会他想见到我的心情，远比我试着和他在一起的心情真诚真挚得多。"

第二天一早，阿羚还没有过关，正在边境一个小店换钱的时候，苏迪已经出现了。"他一家店一家店地找我，就像我当初逃跑时他找我的心情一样，但是他什么也没说，从见面后，他就一直拉着我的手，笑着看着我。就是那一刻，我觉得他可爱极了，我能体会到感情之所以珍贵，就在一颗认真待你的心。"

"当我再次从尼泊尔回到北京的时候，是两个人。我打算带着苏迪来中国生活，我还没有想过结婚这事，只是觉得既然两个人确定要谈恋爱了，起码让他了解一下我的生活。对他来说，第一次出国、第一次办签证、第一次坐长途飞机、第一次在广州转机时喝到沙县小吃的乌鸡汤，都是很新鲜的事。我想到的是让他看到这边的生活，尝试我们的饮食，见一见我的朋友和家人。虽然苏迪对来中国后发生的各种事情都感到好奇，但是在他心中，我们的婚姻生活似乎已经开始生效了。"

回到北京不久，阿羚就怀孕了。"最初没有什么意外的感觉，第一个念头就是既然孩子来了，那就要留下来。"阿羚心中有一点庆幸，她觉得能在刚好 30 岁的时候有个孩子是件挺幸福的事儿，毕竟很多在城市工作的女孩子顾虑多，很多人拖到年龄很大了才生小孩。阿羚说："很快，抚养孩子、结婚问题都摆到眼前，它们最终替代了孩子到来的喜悦感，我开始和妈妈、姐姐商量着去解决这些现实的问题。苏迪还不适应北京的生活，他得靠我。"

或许因为没有太多的感情经验，从 25 岁开始，阿羚对婚姻家庭的期待比不过生一个小孩。阿羚曾认为自己无法把握住男人们的善变，只有孩子或许更好，可以相依为命，也好共同成长。"没有想到结婚在前生子在后的顺序，单纯地就是想要一个孩子。"阿羚老早就把这个想法告诉过妈妈，她妈妈像所有母亲一样开始表现出十分强烈的不认可，但慢慢地，她开始默许了阿羚的某些想法，在女儿如果总也嫁不出去的情况下，有个孩子也算是有了一个相互的依靠。

　　"就这样接受了我不太负责任的念头。"阿羚说。2008 年前，阿羚曾怀着对"宅男是高智商物种"的好奇，和一位深居简出的"食草男"谈了两年的恋爱，两年里他从来不见阿羚的任何朋友，理由是"那是你的朋友，又不是我的朋友"。阿羚把原因归结为他羞涩的性格。男孩钟情于游戏机、女优写真集，并再无其他爱好。阿羚也认真地告诉他要为了以后的"生活所需"做点什么。彼时，阿羚的月收入已经过万元，养活自己没什么问题，为了嫁出去，阿羚专心地等着宅男的那句"我把这部《忍者龙剑传 2》玩通关就娶你"的兑现。他高超的技艺不久就将游戏全部通关，然后接二连三地打通了几遍，却没再提过结婚的事，最终的结局是他离开北京再也没有回来，从此断掉了所有音讯。

　　阿羚如释重负一般恢复了单身生活，从此变得更加独立。朋友们对阿羚最大的感觉是"这个姑娘有主张、主意大"。很长一段时间，她的"男孩子"性格都会给人一种"她才不会结婚"的感觉。虽然阿羚也向往幸福的爱情，但是当她面对婚姻时，也会呈现出某种逃避。她担心这个家庭的未来，也会担心自己的能力是否能照顾得住这爷俩，甚至会担心在10年后是否能和丈夫顺利地交流，她在思考着从未想过的问题和麻烦。最终，阿羚给自己打气："我得和我孩子的爸爸结婚，反正结婚就是那么一回事儿。"

阿羚的爸爸在老家选了个好日子，阿羚和苏迪如约赶到老家新乡，在民政局领了结婚证。第二天一早，阿羚和苏迪在影楼盘头换装，拍结婚照，中午在一个亲戚家的酒楼摆了六七桌酒席。"除了熟悉的两桌亲戚以外，我们谁都不认识，倒是宾客们听说我带了个外国女婿回来，都觉得挺稀罕，凑热闹的人就越来越多。苏迪也因为言语上的不通，没有过多交流，大家只是一个劲地敬酒，他总是笑嘻嘻地和人干杯。酒席宴一结束，我们就开车回了北京。在我印象中，这可真是个非常凑合的婚礼，要不是偶尔有人问起，我几乎忘记了我结婚也是摆了酒的，但它草率得就像和我没什么关系一样。我看得出苏迪很开心，这个婚礼让他觉得踏实。"

回到北京，同居的适应期还在继续。复杂的家事、电器的使用、北京的文化……阿羚一时想不出如何表达，此时，光靠单词和手势比画是全然不够的。她表现得有些着急，而苏迪总是表现得很有耐心，或许是尼泊尔人温软的性格，他总是瞪着眼睛认真地听她的语气，试图从那些细微处了解到他应该感悟到的常识。

逐渐地，两个人在家里贴满了便笺纸，上面用英语和中文写着家居摆设的名词，苏迪也会在后面标注上类似拼音的音标。此外，他们还把常用的复杂短句写出来，既是为了学习语言，也是为了沟通方便。阿羚说："一直以来，都是苏迪在习惯我，他习惯着北京的环境，习惯我的家人，习惯我吃的食物和做事的方式。他刚来北京的时候，跟我说，为什么这里的人每天都这么快？追公车也快，吃饭也快，走路也快，超市结账付款也是快快快。他说我回北京也变快了，起床穿衣服很快，吃饭很快，说话很快，就连出门前整理也要催他。"

但是苏迪真的很慢，他似乎永远无法适应大城市的节奏，可这就是我工作和生活的地方，每个人都要跟得上这个城市的步伐，否则我们就不能负担起所有的生活成本。逐渐地，我们从一开始的相互喜欢，到忍让，由于习惯的不通和沟通的不顺畅，变得有些不耐烦起来，听到一两句不顺耳的话，苏迪就会抱怨，摆臭脸。相比之下，我的臭脸要比他多，这是因为我要操心的太多，而他似乎只关注我的脸上是否有开心的表情。

2011 年 9 月 19 日，王熙萌出生了，孩子随阿羚姓王，也遂了她的愿。苏迪在产房里一直握着阿羚的手，他的手心微微发热，表情有些激动，他似乎很想说些什么。阿羚问："你害怕吗？"苏迪只是笑着却不出声。阿羚回忆道："孩子生出来那一刻他竟然眼里含着泪花，当护士把小孩抱过来放在我身边的时候，他把脸凑上去亲了亲。那个时刻我突然开始意识到，孩子不是我一个人说生说抚养就能独自完成的，他有一个父亲，一个很在乎他的父亲，这很重要。"

儿子出生以后，苏迪很自然地转换了自己的角色。他努力地学习做好一个中国爸爸，他学会了换尿布、灌奶瓶、推婴儿车，也开始为阿羚分担一些家务，这似乎是尼泊尔男人甚少接触的工作。苏迪满是朋克文身的手臂也能笨拙地完成阿羚布置的"奶爸任务"。

不过，苏迪的脸上仍写有委屈的表情，最初被"关押"在家里照顾孩子的时候，他几乎没有其他事情可做，由于言语和网络的不通畅，他与尼泊尔的生活"划清了界限"。他仍旧搞不懂为什么每个人都忙得要死；搞不懂为什么每个人都在抱怨却仍要坚持；他搞不懂现代化的生活带来了哪些方便；他更搞不懂为什么电视剧里每天都在打仗，却看不到一个好看的音乐节目。

苏迪一边居家，也一边开始尝试着在北京找工作。阿羚说："我的态度很鲜明：你是家里的一员，你有责任和义务为我们的家庭付出，我在乎的不是你能够为家里带来多少收入，而是你努力尝试了想要尽一份力的态度。"

苏迪去酒吧做服务生，可那里离家太远，挣的钱都花在了打车上，后来阿羚决定从他的兴趣出发，为苏迪添置了一套打碟设备。他白天练习，晚上就去一些酒吧练手，逐渐地，他的尼泊尔音乐风格也被一些同好接受，还培养了一部分"粉丝"，在那里也交到了一些朋友。"能够让他交到朋友一直是我的心愿。"阿羚说，"我妈一直嘱咐我，说他从娇生惯养的家里来到这么远、这么陌生的城市，就是为了和我在一起，让我一定不要欺负他。"

2012 年夏末，王熙萌一岁了，阿羚和苏迪之间的误会开始加深，也开始频繁地争吵。虽然言语上不通，但都使用着自己惯用的语言争论，有时两人吵了很久才发现说的都不是同一件事儿。后来争吵转成了生闷气和冷战。

阿羚说："因为我所埋怨的事情，不知道如何用英文去表达出来，仅有的单词量反而把很多话说得很重，这就增加了更多的误会。我常常表现得不耐烦，可能是因为我对这个家庭承担的分量更重一些，我要一边带小孩一边工作，一边体谅着他没有工作，我不可以总是埋怨伤他的自尊。另一方面又觉得他为什么就不能为我分担生活的压力，我每天都感觉到很累，看着他戴着耳机听音乐的时候，就气到不行。在这样双重劳累的状况下，我什么也不想做，而他也开始不理解我为什么越来越不接受他对我的拥抱和亲密。"

"在我们第一次带儿子回尼泊尔见他家里人之后，我只带回了儿子，我宁愿浪费掉他的回程机票，也想要分开一段日子，我不想因为他的原因而不能专心工作和照顾熙萌。最初的一段时间，我很自在，觉得单身生活简直太自由了。妈妈搬过来和我一起住，帮我带小孩、照顾家里，我也可以多分一些时间给工作。虽说不用坐班，但之前总觉得因为家庭分走了太多时间而对工作力不从心，显得有些不负责任，对不起我的团队搭档。"

2012 年秋天，阿羚对苏迪说："你在尼泊尔待一阵子再过来吧，或者等到有个工作机会再过来，不然每个月三口人在北京两万元的开销我实在顶不住。你的语言能力现在也不行，还不能帮我什么……"

"但是当一切慢慢顺其自然步入正轨之后，我又总觉得，我的这个家里像是少了点什么，是不是我为自己考虑得太多了，似乎没有在意过他的感受，才让他慢慢觉得我的感情减少，然后失去了共同生活的信心呢。好像我是有很多地方做得不对。我开始检讨自己没有尽到妻子的义务。"

2012 年的冬天，北京开始出现雾霾，春节时阿羚得了一场重病，她躺在床上开始休息，突然发现自己对所有事都失去了兴趣。"老公在的时候，虽然他没有实际地为家庭带来收入，但是他给我的是他全部的时间来陪伴，陪伴我、陪伴孩子。我仔细想了想，觉得我太自私了。"

此时，苏迪也变得冷淡，他不再隔三岔五地打来视频汇报生活和问候，在结婚两年纪念日那天，他告诉阿羚，他需要爱。从那以后，两个人的联系变得更加稀疏。

阿羚突然觉得苏迪似乎一个月没有主动联系过自己了，女人的直觉让她有了不好的猜疑，她让苏迪上网，在几番询问之后，苏迪坦白自己认识了一个丹麦的女孩。这个时候，阿羚才意识到，婚姻并不像自己想象的那么牢固。阿羚表现得很从容，她试着让自己的心情得到平复，但是她找到了最近的工作空当期，并订了去尼泊尔的机票。"我觉得只要我到了那里，两个人就不存在乱七八糟的问题了。"

2013 年 7 月，分居了半年之久的两个人再次相见，而此时，那个丹麦女孩的签证到期，她不得不暂时离开了尼泊尔。在经过了漫长的交流后，阿羚决定重新回到丈夫身边。"一些了解情况的朋友跟我说：'这你都能忍吗？'遇到这种事情心里不爽自然是常理，但是如果试着去了解对方和自己，就会反问自己，是否自己也有一些责任呢？所以这一次我原谅了他，似乎也原谅了自己。虽说我从未设想过要和谁一起走到生命的终点，我只是觉得再多的设想，都要面对现实惘然，不如过好每日，随心而活，就像我俩最初相识的状态。"

阿羚和苏迪粗略地算了一笔账，北京的空气质量越来越差，生活成本越来越高，很少有人过得开心，一家三口的月开销至少在两万元以上，以自己的工资和苏迪偶尔的打碟表演收入计算，甚至没法承担王熙萌上幼儿园的费用，至少，阿羚不想让一家人的生活过得拮据。

之前那个一意孤行的阿羚也慢慢转变了态度。他需要更多的沟通和商议，她也开始尊重他的想法，她需要他的意见。渐渐地，阿羚觉得北京不再是她生活的重心，虽然尼泊尔吃不到好吃的中餐，常常停电，但是在现实面前，她也认真地考虑了去尼泊尔的好处。

"首先那里的空气和水质都是一流的；生活在那里，省去了租房等生活直接成本；孩子可以得到家人的完整照顾，处于萌芽期的儿子，可以在那里学习中、英、尼三种语言；最关键的是，一家人可以生活在一起了。"

阿羚说，在北京的时候，总是需要考虑更多的支撑，从而产生了心理上的不平衡，这种不平衡感影响到全家的每个成员。2013年秋天，阿羚清空了在北京的全部家当，拎着背包，在云南辗转一圈后到了尼泊尔。

"尼泊尔并不富裕，但凡来过这里的人留恋的也不只是风景，大城市来的人总会惊叹他们的幸福与快乐。在这里，成功、精英都不是人们生命中所追求的东西。"阿羚说，"很早以前，我在北京和苏迪吵过一次架，最后几乎上升到'国家级别'，他说：'你们中国人从来都不幸福，在街上没有人向你微笑，每个人都不满足地忙碌，而我们尼泊尔人没钱却也开心。'"在阿羚看来，他俩的默契是一个人带来快乐，一个人带来生活质量，但如若没了一方，剩余的则毫无意义。

苏迪每天骑摩托载着阿羚去搜寻当地的手工制品、羊毛、地毯、铜像和唐卡等等，用来维持生计。他们也在搜寻着彼此间的默契，两人仍旧懒得学习彼此的语言，苏迪仍旧靠看阿羚的眼神和脸色来哄她开心，阿羚也懂得："苏迪给我最多的，就是时间和陪伴。"

过完新年，阿羚的肚子又大了起来，她说这个宝宝比王熙萌安静，她和苏迪都希望是女孩。

一个苹果

文 / 王玄　　口述 / 卢暮

我去超市购物时会发现，每个商品身上都贴了好多标签，我只想要一个苹果，清脆、微甜的一个苹果，也许它并不需要"有机""非转基因""进口"等如此众多的标签。我想自己寻找到这个苹果，拥有一段去除标签、从零开始的感情。

　　我至今仍清楚地记得 2010 年秋天的那个周末，在城市东部的一家火锅店里，我和她初次见面。眼前的她 25 岁，是很多女孩儿刚刚走出校园的年纪，她却更恬静成熟。鸳鸯火锅蒸腾出的雾气里，不知为什么，我们丝毫没有初次见面的隔膜，我自然而然地向她倾诉了我独自在北京求学、工作、奋斗的经历。她坐在桌边安静地倾听，不时点头应和，我积蓄已久的孤独感被她的眼光拥抱了、融化了，一切都是那么自然舒服。一年后，她成了我的妻子。

　　在此之前，我也曾不止一次地想象过，究竟会和一个什么样的人成为伴侣，组成家庭。大学时校园恋情中的女同学，或是工作中接触过的形形色色的女孩子？我从大学毕业起在一家新闻机构担任记者，至今已 12 年。在北京这座有千万人口的都市，与我有过或多或少接触的人也许数以千计，但没有一个人真正走进我的生活。

独身生活从 24 岁正式开始。我在城市东部的一个青年社区买了自己的第一套房子，每个月有 2000 多元的贷款需要偿还，成了一个实实在在的房奴。70 多平方米的建筑面积被一再克扣，最后实用面积只有 50 多平方米。在那个虽然狭小却还是空荡的一居室里，我每天都在担忧初入社会的各种问题。生活凑合着过，很孤独的，你知道吗？我的冰箱里面常年只有两样东西，一样是三元牛奶，一样是速冻饺子。速冻饺子因为煮起来快，煮完后好洗锅，成为我日常饮食的第一选择。当时市面上能够买到的几十种速冻饺子我全都吃了个遍。剩下的就是牛奶。记得有一天夜里我特别渴，想喝水，可我家里连能直接饮用的水都没有，冰箱里只有几包牛奶，我就把牛奶都喝了。

我的邻居是一个搞 IT（信息技术）的哥们儿，技术宅，他成了我独居生活中的好友。我们做着完全不同的行业，我一回家，就跟他八卦各种各样采访的经历，他听得开心。反过来，他会给我讲做软件的事情，云山雾罩的，我也听不懂。我俩有一个共同点就是喜欢打《魔兽世界》。夏天天气太热，我们不开空调，把两家的大门打开，各自端坐在自己的客厅里组团打游戏，摆好电脑，戴上耳机，桌上放半拉西瓜，伸出脑袋就能看见对方，跟大学宿舍没任何区别。那是两个单身汉光辉灿烂的日子。

但是某些东西好哥们儿是不能给我的。当我关上房门，独自面对那间空荡的小屋，满怀的是对生存的担忧。读书、工作、供房，在陌生的城市，我没有任何其他的资源，一切只能依靠自己。我偶尔会想，要是有一个人能和我一起相扶相携地生活该多好啊！像我的父母那样。但那仅仅是一个一闪而过的念头而已，我没有信心能够从精神上和物质上承担起两个人共同生活的责任。

就在同一个社区，有无数与我同龄的年轻人，他们从我身旁经过，身上是商品社会所赋予的各种标签：宝马车钥匙、LV包、不断变换的伴侣。我也会被这些标签勾起好奇心：他们每天在做些什么，和什么人交往，怎么挣钱来维持自己光鲜的生活？那些凌晨天蒙蒙亮时，喝得乱七八糟后回到家的踉跄背影，他们身后是什么样的日子？但那超出了我的生活经验，我只知道，他们并不是像我这样日出而作，写稿子、去采访，听不同的人生，然后把他们的故事写下来。我们住在拍摄电视剧《奋斗》的社区里，但他们不是我在异乡奋斗打拼的同路人。27岁时，我结束了对这个青年社区生活的试探和想象，搬离了那里。新社区居民少了许多，绿化好，社区公园里，老人们常常推着婴儿车带着孙子晒太阳。这样的生活图景让我感到些许安宁。

那一年我出了一个长长的公差，坐着破冰船花了一个半月时间漂去南极，一待就是半年，这是单身汉才会有的待遇。船上的各种科考人员、后勤人员加在一起只有十几人，不是十几个中国人，而是十几个人，或者说，十几个活着的人。眼前的南极大陆一望无垠，我有时甚至觉得这里大概连细菌都没有吧，更不要说鸟或者虫子了。每天面对着十几张不变的面孔，我们说话打发时间，晚上喝点啤酒，没有别的娱乐，没几天，能说的话就都被掏干净了。剩下的时间，我只能自己跟自己相处，睁着眼睛望着天花板，把从小到大的人生经历像过电影一样过一遍。然后不自觉地开始拷问自己：我是谁？我从哪儿来？我到哪儿去？反正就是这几个终极问题。现实生活中那些也曾让我好奇的重要元素在这里都消失了。我每月要还的 6000 多元房贷，我们每天从电视、网站上获取的关于这个世界如何丰富多彩的消息，我和 IT 男关注过的住在同单元的漂亮女孩，曾经觉得娶她回家大概会很有面子……这些全都失去了意义，在我与世隔绝的日子里，想到它们，我的内心没有一点儿触动。

在杳无人烟的南极大陆上，我突然明白自己为什么必须寻找一个终身伴侣。人从根本上来讲是孤独的，我的孤独需要得到慰藉，有另一个人能理解和拥抱我的孤独，这样我才能够幸福。现在我们每天睁开眼睛就打开微信、微博，平板电脑上有几十个App，它们提供了那么多信息，但仔细想想，这些都是商品社会强推到我们眼前的，它们无法贴近心灵。我更想要过这样的一天，即便我早上起床推开窗户眼前一片雾霾，身后仍站着一个与我心意相知的女人，我们出生不久的孩子在旁边安睡着，生机勃勃，我的心里充满了阳光。

南极之行似乎是个转折。回来后，我觉得自己做好了结婚的准备，不会再像二十四五岁时，与女孩子交往时彼此并不谈论婚姻，或是因为一些生活上琐碎的争执而轻易分开。亲友们会热情地为我介绍婚恋对象，但我逐渐拒绝这种方式。在我与一个女孩儿相识之前，介绍人首先已经帮我进行了一道筛选。而当我被介绍给对方时，也被修饰过，贴上了标签：名牌大学、记者、他对我过往的印象，诸如此类。但我希望剥离掉我过去已有的社会关系，把所有的标签都去掉，重新去认识一个人。现在我去超市购物时会发现，每个商品身上都贴了好多标签，我只想要一个苹果，清脆、微甜的一个苹果，也许它并不需要"有机""非转基因""进口"等如此众多的标签。我想自己寻找到这个苹果，拥有一段去除标签、从零开始的感情。

那之后我注册成为一家婚恋网站的会员，填上尽量少的基本信息，我就可以跳出自己的社交网络去寻找我的伴侣。一年多的时间里，我谨慎地与四五位网友见了面，我们通常年龄、学历、收入水平差不多，一般在网上聊上两个星期，才会相约见面，见面后聊天相处，却总觉得哪里不对，好像少了些共鸣。直到2010年秋天，我在网站上找到我现在的妻子。我们俩挺合眼缘，在网上没说两句话，发现两个人住得很近，就相约周末一起吃火锅。我特意叫上了一位朋友同行，希望吃饭的氛围更像是朋友聚餐，而不是相亲。朋友成了我们的见证者，他见证着我向一个初识的女孩儿敞开心扉。后来我才了解，她很小就从部队院校毕业，从过军，从过医，转过行，虽然年纪轻，却阅历丰富。我们两个陌生的年轻人，从中国的最西部和最东部孤身而来，在北京相遇，感怀于相似的奋斗经历，因此彼此倾慕、欣赏，这并不像过往亲友介绍的标签速配式的相识。这一次，我知道一切的细节都对了。

我们很快谈及婚嫁，转年春节，双方父母来到北京会面。除夕夜，妻子按照东北老家的习俗给她父母磕头拜年，她拜完起身，示意我照做。我们老家没有这样的习俗，之前也没听她说起过，我和我父母都愣在那里，相当尴尬。最后这个头还是没磕，我们过后谈起，起了争执。"你是不是没有把我的父母当成自己的父母？"她生了气。这样的场景如果发生在过去，或是发生在别人身上，我们也许会大吵起来，进而对对方失去信任。但到了今天，在我俩之间，解释一下，矛盾就被化解掉了。我终于知道，我想要一种共同奋斗、相互爱护和扶持的生活，而身边的人，就是与我同行的伴侣，其他障碍都变得微小，不再重要。

我们步入婚姻的速度比身边的许多朋友快得多。他们或是有学生时代一直延续下来的爱情，总是以工作、住房等为理由而不结婚，或是一直在寻找，每年见二三十个相亲对象，到最后感情麻木。很多单身朋友会抱怨自己选择面小，找不到合适的人，过不上理想的生活。还有一些原来在青年社区的邻居，现在也30多岁了，不知不觉中，就从这个城市消失了。其实我们这个时代，选择不是太少而是太多，那些没有方向感的人，最后会迷失在森林里。

附 录

爱情故事测试

以 1~9 分测试你对以下故事类型的赞同程度。7~9 分代表高分，说明你被这个故事强烈吸引。1~3 分代表低分，说明你对这个故事兴趣有限或者兴趣很低。4~6 分是中等，代表你有一定兴趣，但不足以产生浪漫爱情的感觉。

牺 牲

1. 我享受为自己的伴侣做出牺牲。
2. 我相信牺牲是真爱的关键部分。
3. 我经常牺牲自己的舒适，满足对方的需求。

分数：＿＿＿＿＿＿＿

当感情双方都满足于各自扮演的角色时，牺牲的故事能导向幸福的爱情，尤其是当双方都做出牺牲时。但一方感到被迫做出牺牲时，感情会出现摩擦。研究者认为，在一段感情中，当双方的付出和收获相对公平时是最幸福的状态。

警 察

- 警察 -

1. 我相信必须严密监督我的伴侣。

2. 我相信完全信任我的伴侣是愚蠢的。

3. 我从不信任我的伴侣与异性一起亲密工作。

分数：＿＿＿＿＿＿＿

- 嫌犯 -

1. 我的伴侣一天要打多次电话问我正在做什么。

2. 我的伴侣要求知道我正在做的每一件事情。

3. 我的伴侣会变得非常生气，如果我不告诉他我刚刚去了哪里。

分数：＿＿＿＿＿＿＿

　　警察故事的预测不好，因为它可以完全脱离现实。警察故事也许能给人一种受关心的感觉。没有安全感的人会享受作为"嫌犯"的关注度，从别处不可能得到，但他们常常要付出代价。随着剧情的深入，他们先是失去自由，然后失去尊严，然后失去任何形式的自尊。最终，他们的精神甚至身体健康都会受到威胁。

旅 程

1. 我相信，在一段良好的感情中，双方应该一起成长和变化。
2. 我相信爱情是一个不断发现和成长的过程。
3. 我相信一段感情的开始就像一段新的旅程的开始，承诺兴奋与挑战。

分数：＿＿＿＿＿＿＿

旅行故事在持续一段较短的时间后就能有比较良好的结果，因为如果旅行者能在目的地和路径上达成一致，他们已经向成功迈出了第一步。如果没有，则他们也能很快意识到自己所要的东西不同，从而很快分道扬镳。旅行式的感情变动性较大，关注于未来。最大的风险在于，一方或者双方都可能在中途改变目的地或者路径。

色 情

- 性对象 -

1. 事实上，我不介意被伴侣视为性玩偶。
2. 即使有人认为这是自贬身价，但我认为满足伴侣的各种性需求非常重要。
3. 当伴侣想让我尝试新的、不同寻常的，甚至痛苦的性技巧，我也是喜欢的。

分数：＿＿＿＿＿＿＿

- 主导者 -

1. 对我来说，对方最重要的是做一个完美的性玩具，做我想做的一切事情。

2. 如果伴侣在性生活上不够冒险，我不会幸福。

3. 我喜欢我的伴侣感觉自己像个性对象。

分数：_____

色情故事没有明显的优势。不利因素很明显，第一，他们的兴奋感来自对自己或他人的贬低。第二，贬低与自我贬低的需求会不断提升。第三，一旦采取了这个故事，很难再适用其他故事。最后，无论一个人如何尝试，这都是对身心无益的故事。

恐 怖

- 恐怖分子 -

1. 我经常确认在感情中处于主导地位，即使这让他／她对我感到畏惧。

2. 当感到伴侣在某种程度上害怕我的时候，我感到兴奋。

3. 有时候我会做一些事情来吓唬我的伴侣，因为我认为在一段感情中，一方对另一方抱有轻微的畏惧感是好事。

分数：_____

- 受害者 -

1. 我相信对伴侣稍有畏惧能给人一定程度的兴奋感。

2. 当伴侣在我身上造成一种恐惧感时，我会感到某种生理性的唤起。

3. 我最终总是跟那些让我感到害怕的人走到一起。

分数：_____

　　恐怖故事是所有故事中最不利的一种。对某些人来说，也许是兴奋的，但维持兴奋的恐惧形式很可能会失控，从而将伴侣置于身心的危险之上。

复 原

- 帮助者 -

1. 我总是爱上那些在生活中面临某种困境的人，然后帮助他们的生活回到正轨。

2. 我享受这样的感情：我的伴侣需要我的帮助来克服某些问题。

3. 我的伴侣经常需要我的帮助从过去的创伤中恢复。

分数：_____

- 复原者 -

1. 我需要别人帮助我从过去的痛苦中恢复过来。

2. 我相信一段感情能够把我从崩溃的生活中拯救出来。

3. 我需要帮助才能走出过去的阴影。

分数：_____

复原故事的好处在于，只要复原的一方决定走出阴影，帮助的一方确实能帮助他复原。很多试图改变伴侣的人都以失望告终，因为对方无意改变。另一方面，帮助的一方享受拯救者的角色。但一旦复原的过程完成，双方的感情可能就会面临危机。

园 艺

1. 我相信，只有你花费时间和精力去照顾，就像照顾一个花园一样，才能收获一份美好的感情。
2. 我相信，无论在生活的高潮低潮，感情都需要培育。
3. 我相信，爱情成功的秘诀是伴侣之间相互照顾和关爱。

分数：＿＿＿＿＿＿＿＿

　　花园故事最大的优势在于意识到培育的重要性。没有别的故事涉及如此多的关爱与关注。它最大的劣势在于，可能缺乏自发性或者导致无聊。花园故事中的主人公并非免疫于外界的诱惑，即使仍然彼此珍惜，但仍然可能为了获得某种兴奋感而出轨。另外，过多的关注可能导致窒息感，就像水浇多了也会导致花的死亡一样。有时候，最好顺其自然。

商 业

1. 我相信爱情关系如同商业提案，亲密关系的伴侣如同商业伙伴。

2. 我相信在一段感情中，双方应该根据"职业描述"尽到彼此的职责。

3. 当我考虑与一个人发展爱情时，我总是考虑到经济因素。

分数：_____

比起其他类型的爱情，商业故事的优势在于，角色定位更加清晰。但如果只有一方视爱情为商业故事，另一方很快会觉得无聊，从而有出轨的危险。而且一旦权威分配不均，故事很容易变质。如果双方不能在角色分配上达成共识，他们会发现自己花费大量时间争夺位置。

童 话

1. 我相信关于爱情的童话会成真。

2. 我相信有一个与我完美匹配的完美恋人。

3. 我喜欢把我的伴侣想象成身穿金色盔甲的骑士或者美丽的公主。

分数：_____

为了维持童话故事，必须在某种程度上忽略生活中的琐碎细节。这就是为什么所有童话故事都发生在婚姻之前或者之外。贫贱夫妻很难书写童话故事。这种故事最大的问题在于期待值太高，幻想一旦破灭，会将别人眼中还算美好的生活也视为敝屣。如果一对情侣能在现实的基础上构建童话故事，也许能够成功。

战 争

1. 我认为据理力争比妥协更有趣。

2. 我认为对于一个冲突问题，持续的辩论会制造开放的讨论气氛，保持感情的健康。

3. 我喜欢跟伴侣吵架。

分数：＿＿＿＿＿＿＿

战争故事是一系列有破坏性但持续的战争，除非双方都对这样的相处方式乐在其中。虽然时常威胁要离婚，但双方都不会考虑真正分手。但如果是单方面的战争，会使另一方感到精疲力竭。如果双方都不喜欢战争模式，却持续以这样的方式相处，感情很难不以失败收场。

幽 默

- 观众 -

1. 我喜欢我的伴侣思考我们冲突的可笑的一面。

2. 我认为太严肃会毁掉一段感情，所以我喜欢我的伴侣有幽默感。

3. 即使当我们关系紧张时，我也喜欢我的伴侣逗我发笑。

分数：＿＿＿＿＿＿＿

- 喜剧演员 -

1. 我承认，在我们的感情遭遇问题时，我有时候会尝试以幽默来避免冲突。

2. 我喜欢在与伴侣发生冲突时使用幽默，因为我认为任何冲突都有其搞笑的一面。

3. 当我跟伴侣意见不合时，我经常拿这件事情开玩笑。

分数：_____

爱情是奇怪而有趣的。幽默故事的一大优点是：大部分情况的确都有轻松的一面，这样的情侣能看到这一面。在紧张情境下，有时候幽默的确比什么都更能缓解情绪，尤其是这种幽默来自情侣内部。幽默故事经常使得感情富有创造力，但它的问题在于，经常掩盖了一些需要严肃探讨的问题。幽默还可能变成一种残酷的辩护，从而伤害感情。所以即使是幽默，也要适度。

下 篇

一

婚姻是日用品，
不是装饰品

理想婚姻
存在吗？

文 / 徐菁菁

过去，婚姻天经地义，好像是人生历程中自然而然的安排。如今，它却变成了一个难题。走进婚姻的人在犹豫，想要走出来的也未尝想了个清楚。心理咨询师朱耀萍所在的上海睿家社工服务社就在浦东民政局的对面，她的主要任务就是观察每一对来离婚的人，以判断哪一对还有"劝和"的可能性。据她观察，来办离婚的人里有 30%~40%，内心深处是不想离婚的。

2019 年，全国婚姻登记机关共办理结婚登记 947.1 万对，离婚登记 415.4 万对。最近这 40 年，中国的结婚率不断下滑，离婚率持续攀升。我们的父辈、祖辈常说，结婚是"终身大事"，是人生的归宿。我们感慨："不知道从什么时候开始，所有的东西上面都有一个日期，秋刀鱼会过期，肉酱会过期，我开始怀疑，在这个世界上有什么东西是不会过期的？"两相比较，我们似乎处在了一个婚姻的悲观主义时代。

2009 年 9 月 9 日我到北京市民政局登记结婚。我清楚地记得，排在我前面的女孩抬头盯着男朋友的脸，用无限复杂的语气慨叹："我就要和你结婚了？！"我当时只觉得匪夷所思：没想清楚，你来这里干吗？我与身边朋友相比算是结婚早的。后来，我发现其实很多人在跨过婚姻大门时都在犹豫。

"悲观"的背后，是一场婚姻的革命。社会学学者陈一筠把 1980 年视作中国婚姻现代化的分界点。传统婚姻的要义是"经济合作社"和"生育共同体"。加之无形的社会观念和政治运动的束缚，婚姻平安无事，对绝大多数人来说是容易做到的。

2018 年，浙江省高级人民法院公布的数字显示，浙江省离婚原因排名第一的是生活琐事，占离婚纠纷总数的 34.21%。今天，社会经济和福利制度的完善使得一个人也能养家、养老。不少年青一代已经不把生育作为人生的必选项。婚姻也不是生育的必须途径。婚姻和性、生育分了家。当婚姻回归私人情感的领域，以亲密关系的面目呈现出来，它变得更高级、更文明、更进步。但硬币的另一面是，当我们以是否拥有良好的亲密关系作为婚姻存续的要求时，婚姻势必比从前难得多了。

如何达到现代婚姻的理想状态，对于中国人而言还是新的课题。作为一场巨变的参与者，我们很少有学习和参照的对象。"美满婚姻课堂"中国区的主讲人李隽楠在课堂调查问卷里设计了一个问题：在婚姻关系中，你的生活里有没有学习的榜样？她以为，人们会提到父母或者朋友。可是很多人给不出答案，即使有，也是一个错误的榜样。

我们怀揣着对美好充沛的情感生活的希冀进入婚姻时，并没有做好准备：人性中的一切缺憾都有可能在彼此身上呈现；人会生病，婚姻也会生病；找到一个"理想对象"，并不是婚姻幸福的绝对保障。"理想婚姻"不是模板，而是旅程。

理想婚姻：
幻想、真相与追求

文 / 徐菁菁　孙一丹

作为一种长久的许下承诺的关系，婚姻的难，可能就在于你们会逐渐认清彼此的全部真相：真正的你们也许并不怎么迷人。你们都会在某些时刻软弱、自私、愚蠢……人性的全部都涌到你们面前，让人喘不过气来。但很可能，婚姻的意义和魅力也就在此：当一个人在看清你的全部之后，依然愿意和你在一起。

婚姻升级的代价

1987 年，在中国社会科学院社会学所工作的陈一筠启程前往美国洛杉矶加州大学社会学系学习。这次出国，陈一筠是奔着全新的领域去的。老师费孝通建议她进入婚姻家庭的研究。"他讲道，家庭是一个全人类共同的组织，无论全球化也好，中国的改革开放现代化也好，任何一种浪潮之下，社会的基础都是家庭。"

当时，在社科院的课题里，婚姻家庭问题算不上什么有关国计民生的大事。全国范围内也很少有相关研究，只有妇联、工会等一些机构在进行实用性的宣传。可是在加州大学，陈一筠接触到了大量的研究报告。20世纪80年代，美国社会学界正在进行一场反思。"二战"结束以来，美国女性的广泛就业、社会经济自主地位的获得，扩大了女性在婚姻家庭选择上的发言权。在女权运动的影响下，许多人对担任传统家庭主妇和母亲的热情日益减少。60年代晚期，性解放在年轻一代中赢得了广泛支持，也对传统的两性道德、婚姻家庭观产生了巨大的冲击。晚婚、不婚成为潮流的同时，最显著的变化是家庭的解体：20世纪二三十年代，美国离婚率与结婚率的年平均比值为1∶6左右，到70年代飙升至1∶3，80年代以后曾一度飙升至2∶1。

"我们改革开放时的情况和美国的六七十年代非常相似。"陈一筠意识到，一场革命正在中国酝酿和发生。就像烧一壶开水，温度已经很高，只是水还没能沸腾起来掀开壶盖，人们未能看到罢了。

过去30年发生的事实证明了陈一筠的预测。根据国际通行的统计办法，离婚率为一定时期内（一般为年度）某地区离婚数与总人口之比，通常用千分率表示。国家民政局的数字显示，2017年，中国的离婚率为3.2‰，与其他国家相比，俄罗斯的离婚率约为4.5‰，美国约为3.6‰，德国约为2.19‰，英国约为2.05‰。

更直观的数字是，1979 年，中国有大约 12 万对夫妻离婚，1990 年为 80 万对，2000 年为 121 万对。2019 年，全国婚姻登记机关共办理结婚登记 947.1 万对，离婚登记 415.4 万对。

20 世纪 80 年代末，为了进行研究，陈一筠开了一个工作室，开始接待婚姻咨询，"想看看人们到底在婚姻中遇到了什么新问题"。有一个男人给她留下了深刻的印象。"他的讲述很典型。他说他老婆长得不错，家务也做得好，过不下去了就是因为一点：'内存不够，版本太低。'两个人话不投机半句多，看个电视剧都能吵架，完全没法沟通。"

陈一筠把 1980 年视作中国婚姻现代化的分界点。新中国成立之后的头 30 年，婚姻呈现出超稳定的状态。因为离婚太少见，在民政局甚至查不到那段时期的完整离婚数据。但这并不意味着那个时代的婚姻格外美满幸福，只是因为婚姻被诸多外在纽带牢固地维系着。

传统婚姻的要义不是亲密关系，而是"经济合作社"和"生育共同体"。兜里没钱意味着必须找个人生活在一起。陈一筠记得，20 世纪 60 年代，她和丈夫大学毕业的时候，两个人 108 元的月工资，要养活上有老下有小的家庭，还有弟弟妹妹需要资助。家里用钱统一规划，由婆婆管家过日子。她每个月给陈一筠 2 毛钱零用，给儿子 5 毛钱零用。"如果丈夫吵了架负气出走，根本不用去找他，就算硬着头皮他也要回来，口袋里就几毛钱，不回家能干吗，婚姻非常安全。"

20 世纪五六十年代，政府鼓励"英雄母亲"，中国经历了一个生育的高峰，婚姻的血缘纽带格外牢固。陈一筠观察自己的父母，他们是包办婚姻，既无浪漫也无自由。陈一筠从小听他们吵吵闹闹，但是从没有听说过"离婚"两个字。"如果离婚，一个人分 3 个孩子，怎么生活呢？那么多的夫妻就是这么过来的：为了孩子，摒弃前嫌，把婚姻忍耐到底。"

建立在经济和生育的必需之上，离婚也不被社会文化接纳。陈一筠 30 岁才结婚，在那个时代是罕见的晚婚，她总遭遇这样的追问："什么时候解决终身大事？""那时候国外的情况都不知道，国内垂直传递的信息就是从一而终，白头偕老。不管女人、男人，都是嫁鸡随鸡、嫁狗随狗。"稳固婚姻的还有特殊国情。在政治运动的浪潮下，婚姻被赋予了政治意义。"'红五类'找'红五类'、'黑五类'嫁'黑五类'，一旦结婚就是同志加兄妹，不能离的。如果感情不和要离婚，党委要找你谈话，组织上要找你帮助，法院要找你上学习班——学习怎样正确处理人民内部矛盾。一个人在外拈花惹草，除了背负道德指责，还会被揪出来接受残酷斗争、无情打击。"

经济合作社、生育共同体、无形的社会观念和政治运动，在那个年代，婚姻平安无事，对绝大多数人来说是容易做到的。

1980 年以后，一切束缚都在放开。人们兜里有了钱，加上社会福利制度的完善，一个人也能养家、养老。计划生育制度使得绝大多数家庭只有一个孩子。及至今日，不少年轻人已经不把生育作为人生的必选项。即使想要孩子，婚姻也不再成为必经途径。心理咨询师宫学萍的一位女性朋友和一位男性朋友都不想结婚，但都想要孩子，于是两个人合计一起结婚走个过场，给孩子一个身份。女方怀孕后，他们去派出所打听如何办结婚手续，方知非婚生子女也可以有婚生子女的权利。两人一拍即合，乐得把结婚这步省略了。

国家的行政力量也在婚姻生活中撤退。耶鲁大学社会学教授戴慧思（Deborah S. Davis）认为，20世纪80年代以后，中国将婚姻"转向"自愿的契约，"转离"了对性关系的严密监控，也"转离"了对家庭共有财产的保护。她把这种变化称作"婚姻的私人化"。这个转变鲜明地体现在离婚问题的法律变迁上。

1950年的第一部《婚姻法》规定离婚自由，遵循无过错离婚原则。但在具体离婚官司的审判中，却要求离婚要有合乎道德的理由，如果当事人不能够提出符合无产阶级伦理道德的政治化离婚理由，就很难被法院批准离婚。比如离婚诉讼若是因为一方另有新欢，则被视为过错，会一概判决不准离婚。华裔小说家哈金有一部屡获大奖的长篇小说《等待》，主题就是20世纪六七十年代的"离婚"。主人公军医孔林在家长的撮合下和村里的刘淑玉结婚，但他对妻子没有任何感情，两人常年分居两地。在部队医院里，孔林和护士吴曼娜自由恋爱了。于是，他每年回家都和妻子协商离婚。妻子刘淑玉每次都爽快同意，可到了法院却屡屡反悔。孔林和吴曼娜则死死地守着两人的秘密。按照部队规定，孔林在夫妻分居 18 年的情况下，可以不经过妻子刘淑玉的同意离婚。于是，孔林和吴曼娜只好等了 18 年。他们终于结为夫妇的时候，漫长酸楚的岁月已经将他们的感情消磨殆尽。

1980 年，第二部《婚姻法》发生了重大转变。这部《婚姻法》在第 25 条首次将"夫妻感情确已破裂"作为判决离婚的法定标准。离婚开始成为真正意义上的个人自由选择行为。

离婚的程序也在简化。2003 年 8 月，国务院颁布了《婚姻登记条例》，规定自愿离婚的当事人双方不再需要持本人所在单位出具的介绍信，也不需要经历"1 个月"的审查期，只要双方同意，在民政局可以当场办理离婚登记。

2020 年 5 月 28 日，十三届全国人大三次会议表决通过了《中华人民共和国民法典》，规定自婚姻登记机关收到离婚登记申请之日起 30 日内，任何一方不愿意离婚的，可以向婚姻登记机关撤回离婚登记申请。"离婚冷静期"在公众舆论中激起轩然大波，很多人认为这限制了离婚的自由。但事实上，即使有了"离婚冷静期"，中国还是世界上离婚最容易、最便宜的地方之一。

当经济、生育等婚姻的传统功能逐渐弱化和消逝，当外部制度为婚姻松绑，让它回归到私人情感的领域，我们今天的婚姻才开始以亲密关系的面目呈现出来。"婚姻的功能发生了本质上的变化，现代婚姻首先是心理文化和性的共同体，所以我们今天才会更多地讨论这样的问题：你不爱我了，我们无法沟通，你背叛了我。"陈一筠说，"当人们在婚姻中追求心灵沟通、文化匹配、性生活和谐的时候，婚姻变得更高级、更文明、更进步，但同时，婚姻存续的门槛和要求其实比从前高得多了。"

"理想伴侣"的幻觉与真相

我们对婚姻的主要需求投向了亲密关系。这个转变的发生实际要求婚姻里的两个人对自我、对对方、对彼此之间的心理和情感互动都有更敏感和深刻的体察。这恰恰不是中国传统婚姻文化所擅长的。

南京大学社会学院教授翟学伟有这样的观察：对中国人而言，理想婚姻的表达是"天作之合""佳偶天成"。男女相识相遇更多地同"缘"的观念相关联。人们发生了吸引、相爱，中国式的回答不指向爱情的力量，而归结为"缘分"，这是一种外在性的关系表达。总而言之，婚恋的遭遇和质量不做内归因，而做外归因。翟学伟认为，这种认知模式会实质影响人们在婚姻中的行为。只有在婚姻的内归因的认知模式下，处于婚姻中的人才会对自己有要求，不断调整自我，检讨自己有哪些做得不好的地方，也会因为过失或者对方的不满请求对方原谅。

研究婚姻这么多年，陈一筠常常感慨："现代婚姻是一门需要学习的学问，而我们还是在生育合作社社员水平上便去拿了那张结婚证书。"在她看来，很多人是稀里糊涂结了婚，又稀里糊涂离了婚。"就像流行歌曲里唱的：这就是爱，说也说不清楚；这就是爱，糊里又糊涂。过去说不清楚，倒还有组织给你调查清楚。"

因为相爱而结婚的副产品是现代婚姻最常见的幻觉之一，即将婚姻的质量寄托在找到一个永恒不变的"理想对象"之上。一旦相处不如预期，人们的第一反应总是"是不是找错了人？"于是也总有人在追问："以后遇到更好的人该怎么办？"

曾经有一次，陈一筠在家里招待朋友夫妻两人。朋友50多岁了，是公认的模范丈夫。几杯酒下肚，他脸红脖子粗地站起来举杯："我提议，为我爱上的相见恨晚的别人的老婆们干杯。"朋友的妻子面子挂不住了，抹起了眼泪。"我就劝她，你读一点儿心理学好不好？你丈夫只不过喝多了一点儿酒，在好朋友的场合，说那么一句真实的话语，你就没完没了地伤心，你看我丈夫在一边一杯接一杯，不知为谁干杯。"

陈一筠说，她40岁被派去加拿大留学，在同去的二十几个风流倜傥的中年人中，大把人比丈夫优秀。"当时出现什么心态呢？相见恨晚啊。"她从国外回来，也跟丈夫非常坦诚地交流过。"我说我30岁嫁给你还是有一点儿早，也许我40岁、50岁再嫁人可能就不会找你了。我丈夫说，你说的话正是我想说的话，如果我50岁结婚，我就不会找你了。"

这些话好像无情，却是现代婚姻自由择偶的现实。"当你决定结婚的时候，事实上还有很多的候选人没有出现在你眼前。"陈一筠说，"很多人因为遇到相见恨晚的人而考虑离婚，我劝他们：你别着急，再过5年你还会有相见再晚，再过10年还有相见更晚。

生命不息，探索不止！"

"相见恨晚"的其中一面，是长期的共同生活总会磨去结婚对象在我们最初结合时的光环，逐渐把彼此的不合拍呈现出来。

敬子和丈夫奥利弗都是摄影师。在朋友眼里，他们是同舟共济的模范夫妻。为了给患有孤独症的孩子创造更好的生活环境，夫妻俩把家从北京搬到大理，开始新的生活，相濡以沫。但敬子也经历过那种"新鲜感消失后，婚姻关系看起来像是倒退"的时期。恋爱的时候，奥利弗吸引敬子的一点是他交流能力强，讲故事动听有趣。可是相处久了，两个人的朋友圈开始有很多交集，一个故事敬子听了五六遍。"那个时候我就烦了：怎么又讲这个？我还会纠结：为什么他跟别人讲的会和跟我讲的有不一样的地方？"

"婚前对方一个突出的、十分吸引你的优点，婚后常常变成了让你难以忍受的缺点。仿佛婚姻是个魔术师，把美德放在魔术箱里，再拿出来时，就变成了魔鬼。"清华大学心理咨询中心临床督导刘丹指出，"不是你看错了人，也根本没有什么婚姻魔术。而是同样的人，在婚姻中感受，与在婚姻外感受，因为观察点不同，观察结果差异甚远。走进婚姻，日日耳鬓厮磨，缺点无处遁形，优点也不能顿顿当饭吃。"

有一次，敬子听朋友 A 给朋友 B 讲了件事，她有了一种熟悉的感觉：这个故事几天前她已经听 A 讲过了，而且具体内容也有出入。她突然就悟了："我跟他只是朋友关系，相处的时间不多，却恰好遇到他把这件事情重复讲给别人听。如果我跟他一起生活，我也一定会像抱怨奥利弗一样抱怨他，所以这并不是奥利弗的问题，是我自己的问题。他的故事不是只能告诉我一个人。"

"相见恨晚"的另一面，是我们对婚姻关系容易产生不切实际的期待，认为一个"理想对象"应该满足我们的所有需求。陈一筠接待过离过 4 次婚的男人，每一个结婚对象都在某一个层面上满足了他的需求，也都因为未能满足他的另外一些需求而让他对婚姻失望。"事实上，世界上没有任何一个人能够满足另一个人的全部需求。婚姻的基准是它能够满足你最基本的需求和利益。一个人在婚姻里获得这种必需，然后可以从其他关系里获得补充。一个人可以有'蓝颜''红颜'，只要不跨越对婚姻的忠诚，都是正常的。"

结婚两年的棉梓（化名）在疫情期间重新认识了自己的婚姻。在结婚以前，棉梓有过好几段轰轰烈烈的感情，每次她都奔着海枯石烂而去，但现实爱恨交织，血泪斑斑，背叛与被背叛从未缺席。33 岁的时候，棉梓又一次在一段感情里败下阵来，事业和感情都处在最低谷。她突然有一种强烈的结婚渴望。她在一个网络平台上接触了好几个人。她尝试做减法，排除那些她最不能接受的对象。第一个男人在主流房地产公司做营销工作，"人干干净净，生活讲究精致。可是聊下来，他只想有个婚姻关系，他对自己的生活有很多安排，没有给我留什么空间"。第二个男人很帅也很温柔，但太中庸，"我还是喜欢有趣的人"。第三个男人很有趣，"但交流起来总觉得他藏着掖着，捉摸不透他内心的真实想法"。第四个人是电视台制片人，最大的问题是，"他讲了很多他在前一段感情里受伤的经历，我觉得他想要结婚只是为了疗伤，并不是真的看上了我这个人"。最后，棉梓遇到了后来成为她丈夫的大栎（化名）。

在棉梓看来，大栎出身知识分子家庭，和她毕业于同一所大学，背景靠谱。大栎真的喜欢她。认识的第一天，白天两人在网上聊天，晚上棉梓约了朋友看戏，大栎就在剧场外等她散场出来接着聊。棉梓工作忙的时候，他不追着见面、发信息，而是写一封短信发邮箱里，这种分寸感也让棉梓感到舒服。更重要的是，两个人能够聊得起来："他每天都会和我联系，而且都不是说的废话，是真有可以交流的东西。有时候我们一起看电影，可能彼此观点不同，但我说什么，他能明白。在那个阶段，我并不认为他有多理想，但觉得他是一个适合结婚的对象。"

疫情期间，棉梓和大栎隔离在家，像很多夫妇一样，难免发生口角。有一回，大栎脱口而出："我觉得你不喜欢我。"棉梓心头一惊，觉得被看穿了。那个时候，她处在"相见恨晚"的纠结之中。和大栎结婚，棉梓心里其实一直有种怀疑。她疑心自己之所以选择大栎，是因为正处于事业和情感的谷底，急于找到一个可以依恋的人。就好像落水的人会抓住一切可以抓住的东西。结婚的人是不是大栎，会不会并不重要？大栎显然算不得完美伴侣，他的缺点和优点一样显眼。棉梓爱交朋友，大栎孤僻。大栎常常控制不好情绪。棉梓和他沟通一些生活上的小问题，他总习惯于"上纲上线"，认为这是对他个人的否定。婚姻磨合一段时间后，这种情况有所好转，但难免让人感到辛苦。

其实这些年，在好几段感情里走进走出的同时，棉梓心里一直有一个"理想型"。6年前，她和成宇（化名）在朋友聚会上相识，他本人、他的家庭背景都完美符合她对异性的预期。可是一周后，成宇就到国外深造去了。在过去的6年里，她和成宇始终保持着一种奇妙的关系。他们的联系并不频繁，可能一两个月才有一次，但只要聊天都会感到彼此非常亲密。成宇会分享他早餐吃了什么，在什么地方看到了美丽的风景。成宇和棉梓的职业也是在同一个圈子里，两个人有很多经验可以相互学习。

本来，遥远的成宇并不成为一个问题。可是，造化弄人，年初，成宇回国了。疫情期间，他有个朋友被困在了武汉，请成宇帮他照顾北京住所里的花花草草。成宇每个星期会到朋友的房子住两天。而这个房子恰恰就在棉梓家边上。于是，很自然地，来朋友家的时候，他就会邀约棉梓去坐坐。棉梓和他聊天、喝酒，像灰姑娘一样在午夜前回到自己家里。和他在一起的时候真的很快乐啊，有时候，棉梓觉得，这似乎才是理想的生活。

可是就在这兜兜转转、犹犹豫豫之间，有一天，棉梓突然清醒了似的，她意识到，和成宇交往的时候，她总在希望和失望间周而复始。他热情的时候很热情，可是很快他又会变得很冷淡，不回信息，不联系。"我意识到，成宇能够给我某种峰值体验，但给不了我稳定的情感支持。我和大栎结婚，并不是在利用他，通过一时的依恋疗伤。事实上，持久的依恋就是我在亲密关系里最根本的渴求。只有大栎能给我这一切。"

感情不是万能的

在婚姻里，人们从未像今天这样把感情的地位抬得如此之高。现代婚姻中常见的另一种幻觉是：我们以为只要彼此相爱，婚姻就不应当出现问题。刘丹做家庭咨询多年，她发现，很多夫妇掉入了一个陷阱：遇到事情容易个体归因，觉得出问题是因为眼前这个人没有做好。而他／她之所以没有做好，是因为他／她变了，因为他／她不够爱我，他／她和我不合适。

"心理学研究显示，在一种关系里，我们自己出了问题的时候，我们容易归因为外因。因为如果我们认为自己其实有控制力，我们的挫败感就会很强。于是我们说：'我的运气不好。''我遇到了一个渣男。'如果别人做得不好，我们容易归因说这是他个人的原因，他不够努力。这其实是因为我们很期待对方能够控制这件事，我们就假设他能控制，这种假设能够增加我们对世界可控的感觉。"刘丹解释说，"比如我们总认为，配偶是可以跟我沟通好的，但是他只是不沟通而已。如果我们认识到在关系这件事上，对方只有10%的掌控力，其他都是不确定的东西，我们会对这个世界感到非常的紧张。婚姻关系尤其容易受错误归因的影响，因为对方和你最亲，你都决定跟他／她一生一世了，'甩锅'给他／她是最容易的。"

《尼布尔的祈祷文》中有一句话："去接受我无法改变的，去改变我能改变的。"刘丹将它视为处理一段关系的必要认知。她常常启发她的来访者："你是他／她最亲最爱的人，他／她要跟你一起生活一辈子，你这么多次因为一件事情和他／她发火、吵架，闹得那么不愉快，他／她为什么还不改呢？会不会有更大的因素在影响他／她、制约他／她，让他／她难以抗拒，无法改变？"

"就好像一艘帆船，我们盯着掌舵的那个人看，认为只要他够好，只要他努力，帆船就尽在掌握。"刘丹说，"可事实上，水流、风向的影响可能非常大。又好比种庄稼，能不能长起来，长得好不好，不完全取决于种子本身，土壤、空气和水都很重要。"

对于一段婚姻而言，土壤、空气和水可能是生命里必经的某个阶段。燕蓉（化名）人生最艰难的时期是坐完月子后。她在分娩时遗留了严重的产伤，孩子的健康也出了一些问题。考虑到不久就要回到工作岗位，她对孩子未来的安排很焦虑。她把婆婆从老家请来。可老人在北京住不惯，两人在育儿观念上也有不少争端。丈夫夹在妈妈和妻子之间做和事佬，总不能让她满意。从前，她欣赏丈夫凡事心态积极乐观，可那段时间，她和他痛陈自己的难过和担忧，他却显得气定神闲："一切都会好起来的。"这让燕蓉觉得他根本没有真的在乎自己的感受。有一阵，她真的觉得两个人的感情无以为继，切切实实考虑过离婚的可能性。

现在回头看，度过了谷底的绝望之后，婚姻也会触底反弹。就像燕蓉的丈夫所说，燕蓉和孩子的身体都慢慢好转，她逐渐卸下了初为人母时的焦虑感，在和丈夫商量以后，尊重婆婆意见，让老人回了老家。孩子一岁的时候，燕蓉需要备考一个很重要的职业考试，就把孩子送回老家，请婆婆帮忙照顾三个月。那段时间，她和丈夫一起到咖啡馆上自习，然后牵手走回家，好像回到了恋爱的时候。燕蓉突然意识到，当把种种附加的东西都去掉，回归两个人的感情本身，彼此其实并没有改变。

"人们在婚姻中度过自己生命的不同阶段，每个阶段都有不同的问题，于是家庭也有生命周期，像竹子的生长，从一个竹节到下一个竹节，过渡的部分就会不顺畅，就会有新挑战。"刘丹说，"我们得清楚，在这个时候，一些摩擦并不是对方的主观意愿带来的。""婚姻中一个典型的生命周期现象就是生育。这个阶段，女性在怀孕和哺乳期，她的生理和心理都会发生巨大改变，她一定会把注意力聚焦在孩子身上。相当一部分人还会产生阶段性的抑郁。而丈夫在这个时期，会非常地失落，原本正常的夫妻关系变得不亲密了，他也有可能抑郁焦虑。如果认识不到这是生理节奏之下的正常现象，双方都会抱怨彼此：你为什么不再关心我了？"

"进入中年后，夫妇一方或双方都可能面临多事之秋：更年期的妻子情绪不佳，正好撞上了青春期的孩子难以调教；丈夫在事业上遇到挫折而在家里无事生非；妻子对丈夫角色的期待和性生活中的不满。如此种种，都会严重影响中年婚姻的和谐。如今，人均寿命大大延长，离退休的夫妻，还可望有二三十年的婚姻生活。新问题又会随之而来：老人失去社会劳动者和父母的双重角色，这其中产生的失落感、孤立感等特殊心态，往往也会以夫妻争吵的形式反映出来；老年夫妇彼此在观念与行为上的差异，包括性欲望与性能力的差异，也常常在悄悄地影响着夫妻关系；老年人的身体疾病更可能成为夫妇两人忧虑的问题。""我们都知道人一生中可能罹患各种疾病，而且在不同的阶段，患病的原因和病症又有所不同。婚姻也会生病，绝对健康的婚姻就像从不生病的人那样稀少。"陈一筠说，"身体生病了我们都知道上医院，婚姻生病了也一样，这应该是个基本的认识。"

影响婚姻关系的还有更广阔的东西。刘丹说，理解家庭冲突需要更大的视野。我们选择的结婚对象，带有他／她原来家族的文化印记，这往往也不是感情二字可以涂改的。家庭咨询有个词叫"家庭派遣"。有一对夫妻，丈夫是大学教授，在工作方面很有成就。但是他在家里什么活儿都不干，也不带孩子，几乎没有社交，每天下班后就钻进书房里看书。妻子觉得丈夫又懒又不负责任，夫妻俩经常吵架，以至于到了离婚的边缘。实际上，从家族派遣的角度来看，这位丈夫来自贫困山村，他是被整个家族派遣出来读书的。从小到大，读书就是他的使命。他的弟弟负责处理人际关系，妹妹负责做家务，所以他在读书之外什么都不会，头脑中也没有意识去做这些。"全力投入去读书是整个家族改变命运的重要策略，这不是一个人的选择。就好像你在一列火车上奔跑，你跑得再快也超不过火车。"

在急速变化的中国，另一辆列车是时代。"我们在婚姻关系的经营里会遇到很多前所未有的问题。"刘丹说，"你父母在他们的关系里可能从来没有为了房子的事情讨论过，大家都心知肚明，这房子是单位的，到时候单位就收回去了，不需要有任何讨论。可是到了你这一代，你就必须面对这些问题：谁出钱买房子，产权归谁，将来怎么归属？两个人怎么商量这件事就成了关系里的考验。比如签婚前协议这件事，双方可能针锋相对：一个人说你太小家子气了，你为什么非要签？另一个人说，你连这都不懂，你太落后了。于是这就变成了两个人之间的事情。但这其实是整个中国社会向前迈进速度太快造成的问题。中国就像一艘开得特别快的船，我们只能随着船整体行进。这不是个人能决定的。是否看到和接受这一点，会让双方在处理这些问题的时候采取完全不同的策略。我们是相互指责'你怎么就不能大方一点儿把我的名字写上去？''你怎么就不能尊重我？'还是抱着一起去学习新经验的态度呢？"

看到伴侣不能改变的部分，做法是放下过高的期待，提高关系里的接纳性和容忍性。"正如你拼命推一扇门，但是怎么都推不开，就会很生气，感觉很挫败。但假如这时有人告诉你，这扇门是装饰，根本打不开，你只能走窗户，那么你对门的感觉就会发生变化，'好吧，随它去吧，就这样吧'，就不会一直较劲儿。彼此的理解增加了，接受度和容忍度就会增加，彼此的张力就会降低，解决问题的可能性就会增加。"

在接受家庭治疗之后，那位痛苦的大学教授与自己和解了。他告诉自己："我的家族使命是让我通过知识改变命运，这是我所长，也是我的局限，改变这个部分很困难，那我就接受它吧。"他的行为可能没有明显变化，但夫妻交流时，他的情绪和情感是不一样的。比如，以前他会很愤怒地跟妻子吵架，现在就会更心平气和地沟通，两个人一起想想其他的办法。短时间内，他还是不会带孩子出去玩，因为从小在家里读书的他，没有出去玩的体验，但是他会试着和孩子一起阅读。他还是排斥做家务，但是在妻子做家务时，他会学着陪她聊聊天，让她感觉不那么孤单和委屈。

最深的依恋

在这次采访里，我的采访对象处在婚姻的不同阶段。棉梓和大栎结婚两年，最近，棉梓在考虑是不是要孩子的问题。她有点担心，她和大栎是不是做好了准备去迎接新角色对彼此关系的挑战。

燕蓉从前认为，理想的婚姻应当如钱锺书和杨绛，林徽因和梁思成。可有时候她也想，那些琴瑟和鸣背后，是不是也会有一地鸡毛，只是不为人知罢了。"也许所有的婚姻都是一地鸡毛。只不过，有些人一拍两散，有些人把鸡毛捡起来，扎成鸡毛掸子继续用。"

我问敬子，在她和奥利弗的婚姻里，曾经遭遇的最大挑战是什么。我原本以为，她会讲述孩子被诊断为孤独症后，举家南迁的故事，轰轰烈烈、共克难关。没想到，最让敬子感慨的是件鸡毛蒜皮的"小事"："我们对时间的掌控方式完全不同。例如我们说十分钟后出门，结果两小时后才出门。其间会发生什么事？就是我不断地催他：怎么还没好？我越催自己越火。他的回击是：如果不是你在干扰，我早就好了。在气头上的时候，我真的想过：要不要分开过算了？"

敬子在这桩"小事"上纠缠了两三年，最后她接受对方的不可改变，学会了"让步"："他说的十分钟可能会变成两小时，其中的时间，我该干吗就干吗，或者我先出门，在某处碰面。"有时候，两人约好晚上做完工作一起看电影，敬子问奥利弗还需要多久，多数回答是十分钟。敬子会打趣：地球时间吗？奥利弗做饭很好吃，但每次做饭都不考虑时间。"以前，晚上 10 点他上一桌好菜，带着好心情哼着歌摆盘，孩子已经睡了，我已经气饱了。现在我知道，老爸要下厨了，我们先洗澡，吃点头盘垫肚子，找部电影看着。"

陈一筠和丈夫结婚 50 年了，我问她，她是否觉得自己的婚姻足够理想。她告诉我："其实我们的婚姻中也有很多矛盾。他是北方人，我是南方人，生活习惯不同；我们的性格很不一样。我是学文科的，他是学机械的，他的性格就跟他的专业一样。要说离婚的话，我们当年分分钟都有理由离婚。我甚至也考虑过：如果我们分手的话，孩子怎么办？现在我也不敢说我的婚姻没有问题。"

在交谈中，我产生了一个更根本的疑问：如果在今天，我们已经不再需要婚姻保障经济、生育孩子，如果在追求"理想婚姻"的过程中，势必要承受失望，接受人生的不完满，学会让步和妥协——或者简而言之，现代婚姻本身就是个终身难题，那么我们为什么还需要婚姻，它对于个人的意义和价值在哪里？

心理学认为，亲密是人类的基本需求。"人类在从出生到一岁之间是一个不完全发育的状态，必须依赖别人才能活下来。"刘丹说，"跟他人有亲密的关系，是人出生以后一年内最主要的经验，是一个生存的基础和起点。"

人可以从友谊等关系中获得亲密。可正如美国心理治疗专家朱迪思·维奥斯特（Judith Viorst）在《必要的丧失》一书中所言：我们在与朋友相处时，通常都不会像我们幼年时那样，以一种原始的方式表露自己的性格和大多数的基本需求。然而，回想一下自己和配偶在一起的情景：我们会懒散地穿着睡袍与她或他共进早餐；我们会在自己得了重感冒的时候，在家里到处找碴儿；我们会在与配偶一起进餐时，毫不客气地把食物从对方盘子里叉走；在吵架时，我们会厉声厉色地跟对方针锋相对。我们在一起时，除了有性爱的喜悦，还有其他原始的回归行为。

棉梓在短短两年的婚姻里改变了很多。有一回大枥让她非常生气。他逼着她拿账本，把自己一年的收入和开销全部算给他看。

她觉得这实在是太过分了。可是盛怒之后，棉梓承认大栎是在强迫她直面长久以来的幻觉。棉梓的职业不稳定，如果不能进入更高层次的职业圈，收入很有限。过去十多年，棉梓一直告诉自己，现在的阶段是临时性的，不用害怕，她一直在回避一种可能性：也许她永远没办法打破这个天花板。"他采取的方式可能有待商榷，但他的干预让我觉得这是婚姻的价值之一：只有你不再是一个人，两个人是一个家庭的时候，这个人才可能逼着你去面对这个问题。"从那以后，棉梓在圈子里找了一份稳定的工作，同时兼职做自己喜欢的事。她发现，她并没因为改变失去什么机会，反而找到了一个更从容舒适的状态。

让棉梓特别感动的是，大栎后来告诉她，他这么做的时候，其实很害怕棉梓会觉得他是个"逼着老婆挣大钱""逼着老婆按照自己的价值观去当白领"的人。"他说，我没有想要诋毁你的工作，也没有要求你一定要成为怎样的人，我只是希望你对自己心里有数，不要被蒙蔽在一个假象里，能把自己的事想清楚。他还说，其他都不重要，我希望你是一个不受别人影响的人。"

再往后，棉梓发现，其实两个人是在彼此成就。大栎正在职业的探索期，一度频繁跳槽，想要创业。一开始，棉梓强烈反对他的尝试。"我会觉得你怎么这么蠢，这么自大，现在经济形势这么差，你凭什么就觉得能创业？"这个反对的背后其实有另一层心理动机：家里还靠你赚钱呢！"当我有一个成年人的经济状态之后，我就没那么慌了。我不再去阻拦他实践他的想法。事实上，他也给自己画定了一条安全线。"

在日复一日的相处之中，棉梓总会在大枥身上看到一些新的东西，对他了解得更多一些。从前，她只觉得大枥有很多缺点，后来发现他被父母婚姻里的很多负面东西影响。在自己的婚姻里，他并非不想改变，情绪逐渐变得稳定起来。从前棉梓只觉得大枥孤僻，后来她知道这只是大枥自我保护的一种手段。前阵子，棉梓和大枥说起一桩小学生跳楼自杀的新闻，讲到据说女孩在跳楼的一瞬间已经后悔，可是身边没有人能够帮她的时候，她听到大枥牙缝里爆出了一句："我靠！"她心里一下子松快下来：原来这个人也不是像他常常表现出来的那么冷漠。

如果每个人都是一个玻璃杯，里面装满了水，当你刚认识某个人时，只是轻掠过水面，彼此熟悉之后，对方就开始浸入水面之下，并慢慢下沉。你们彼此愈亲近，对方就潜得愈深。点头之交通常是停留在水面附近，好朋友则往下潜一些，但亲密的伴侣则会一直下潜到你所能容许的深度。潜得愈深的人，就愈能看透你的面具和外在形象而发现真正的你。

作为一种长久的许下承诺的关系，婚姻的难，可能就在于你们会逐渐认清彼此的全部真相：真正的你们也许并不怎么迷人。你们都会在某些时刻软弱、自私、愚蠢……人性的全部都涌到你们面前，让人喘不过气来。但很可能，婚姻的意义和魅力也就在此：当一个人在看清你的全部之后，依然愿意和你在一起。

这种赤裸的、完全不设防、全然接纳的最深刻的依恋关系，会让人们鼓起勇气去尝试解释婚姻这道难题，忍受可能遭遇的所有不美好和不快乐。"婚姻里必然包含着爱与恨。"刘丹说，"如果你独自一人，想怎么着就怎么着，可是在婚姻里，仅是那个人的存在，都会让你感到万般厌恶和愤怒，而这是婚姻里必然会有的部分。那人跟你的步调不一致，品位不一致，节奏不一致，好像你一定要妥协、放弃一些东西，这让你很心痛。如果你从丧失的角度来看，人生之路是由丧失铺就的。冬天要穿很笨重的衣服，夏天要防暑，你觉得很容易接受，因为你怪不到一个人头上。好的婚姻也是一样的，彼此放弃了一些东西，铸就了这段关系。当有一天，你不为对方放弃，对方也不为你放弃的时候，也许关系就没了。"

今天，是否走进婚姻，许诺一段以一生为目标的亲密关系已经不再是每个人必须做出的选择。"婚姻的选择，讲到底，还是你持有什么样的生命哲学。一个人是追求短暂的快乐，还是追求长远的幸福？快乐是容易的，可是没有经历过艰难、坎坷、痛苦、艰辛，哪里来的幸福？"

陈一筼始终记得，多年前在洛杉矶的街头，她躲雨时偶遇一位牵着狗的男子。"您的家离这儿不远吧？"她没话找话地搭讪。"我住在房子里。房子，明白吗？那不是家。我有四处房子，可是没有家。"没料到这个话头，让男子讲述了他的一生。他刚过50岁生日，25岁进影剧团，30岁上镜头，还曾主演过一部不是很出名的电影。后来他索性改做股票投机，真的发了大财。他在贝弗利山庄买下一处豪宅，开始邀约女伴周游世界。他有过十几个女伴，中间没有谁真正爱过他，他也不曾向谁许诺过什么。"追求了，成功了，厌倦了。这就是人生的三部曲。"他俯下身去亲吻他的胖狗，"瞧，这就是我的爱侣，想必没有一个女人能够比得上它的忠厚。"

"其实有一个声音在提醒我自己，不可以陷入那种悲剧。"为了自己的事业，陈一筠曾经最长两年时间不在家，前前后后大概有八年在国外奔走，丈夫在国内照顾一大家子。她很庆幸，也很骄傲，她和丈夫都信守了婚姻的承诺。岁月沉淀的情感已经很难用简单的词汇来表达。"人们说情侣花前月下时才叫爱情。错误！友情、亲情、恩情、悲怜之情……婚姻中凝结的种种何尝不是爱情？"

背叛与渴望：
存在主义式出轨

文 / 陈赛

如果我们想知道美好婚姻的秘诀，研究出轨，反而可能是最好的方法。

我的朋友 A 君有一个老公、两个情人。结婚的时候，她也觉得找到了此生唯一，世界上再没有比他更好的男人了。她喜欢聪明的男生，但对方还需要在感情上憨厚淳朴，有什么好吃的会想着给她留着，有什么好玩的会想着给她看一眼，好像这都是世界上再自然不过的事情。和他在一起，她觉得心里温暖而踏实，心想这大概就是被爱的感觉。

但是，像所有出轨的故事一样，几年的婚姻生活下来，尤其是有了孩子之后，曾经的爱情渐渐磨损，曾经的彼此欣赏变成了相互找碴，他嫌弃她的情绪化，她嫌弃他的不成熟，他想要贤妻良母，她有事业追求，她越来越感觉不到自己在他心中的独特性，越来越怀疑他对她的感情是人对冰箱的感情。"冰箱"的比喻是从日剧《昼颜》里来的，剧中那位婚外情不断的贵妇丽佳子告诉朋友，她觉得自己像一个冰箱，打开就有食物，生活中少不了，但从来没有人想去保养维护。

有时候，她觉得，出轨是对于不完美人生的某种不完美妥协。与日常生活的责任相隔绝，婚外情的平行宇宙是理想化的。因为隔着距离，很多缺陷可以容忍，因为隐秘，所以期待。她知道自己所承担的风险，也愿意承担那份风险，所以彼此之间的那份爱也显得更纯粹，具有超越性。在这个脱轨的空间里，她得以重新想象自我。跟不同的情人在一起，她觉得自己是不一样的人。

深夜聊起这些，我对她说，你的出轨有一个专有名词，叫"存在主义式"出轨。

一个人为什么会出轨？

有人把"出轨"归罪到人的天性上。进化生物学支持这样的说法，比如进化人类学家海伦·费舍尔在《我们为何结婚，又为何不忠》一书中指出，人类出轨的天性很可能是在漫长的史前时期形成的。从进化论的角度来看，出轨是一种能带来下一代基因多样性的适应性机制。

有人愿意把"出轨"归罪到一夫一妻制本身，它根本就是一个社会的阴谋，或者制度设计的缺陷，就像 A 君说的，如果一条铁轨能让 100 辆火车出轨，那么肯定是铁轨的问题，而不是火车的问题。

　　著名的比利时婚姻咨询师埃斯特·佩瑞尔说，当我们谈论出轨时，根本没有一个中立的词可以谈论这件事情。"渣男""小三""通奸""不忠""背叛"，你能想到的所有关于出轨的词都带着道德审判。而道德审判常常是简单化、两极化的，你要么是施害者，要么是受害者；你要么是渣男，要么是圣人；你不谴责，就是纵容；你试图理解，就是合理化。她认为，这种两极化的思维存在于现代社会的方方面面，滋生的是狭隘、评判和歧视，而且对婚姻的任何一方都毫无帮助。

　　在佩瑞尔看来，在两极化、简单化的目光之下，出轨变成了一件很简单的事情，无非是性和谎言，根本没什么可谈的。但是，这个世界上有太多的迷思，都是以看似无可动摇的真理的姿态存在的。她做了 30 年的婚姻咨询，对于这些迷思始终保持着天然的警惕。

　　比如，人们会说，爱与情欲是一回事，当你爱一个人，就必然对他／她有欲望。如果夫妻之间性生活出了问题，就一定是夫妻感情出了问题，只要感情得到修复，性问题就会迎刃而解。但是，30 年的婚姻咨询经验告诉她，很多夫妇尽管感情方面有了很大的改善，但就是改变不了卧室里发生的事情。所以，她才写了第一本书《亲密陷阱：爱、欲望与平衡艺术》，目的就是阐述爱与情欲之间的复杂关系。

关于出轨的原因，也有一个简单的疾病模型——一个男人/女人出轨，要么她有问题，要么他有问题，或者他们之间的关系出了问题，总之是哪里出了问题。但是，佩瑞尔30年的婚姻咨询里，遇到过无数的夫妻，明明很恩爱，却仍然会冒着失去一切的风险出轨。他们后悔对伴侣造成的伤害，但对于出轨经历本身，却并无悔意。为什么？

在《危险关系：爱、背叛与修复之路》一书中，佩瑞尔试图探究，如果拨开这些迷思，把"出轨"当成一个入口，一面棱镜，我们会看到什么。

至少，你会发现，出轨是一件复杂的事情。一方面，是你对他/她做了什么；另一方面，是你为自己做了什么。一方面，它是欺骗和背叛；但另一方面，它也是渴求和欲望，是一次飞蛾扑火的越界，与一个人磨损或遗失的自我有关。

只有跳出对"出轨"简单化的道德审判，我们才能提出关于婚姻、关于关系，甚至关于人性更重要的问题：为什么忠诚这么重要，忠诚意味着什么？一个人有可能同时爱两个人，甚至三个人吗？出轨之后，还有可能重建信任吗？我们如何平衡爱与欲望？激情有保质期吗？有没有可能，一个人的一些情感需求，是婚姻，哪怕最幸福的婚姻也无法提供的？如果是这样，那怎么办？

浪漫消费主义

关于出轨制造的伤害，电影《真爱至上》里有非常动人的一幕。艾玛·汤普森饰演的凯伦回到自己的卧室，开始思考丈夫给她买的金项链不在她刚打开的圣诞包裹里。她的礼物是一张乔妮·米切尔的 CD。

当 CD 中的音乐响起时，镜头切换到年轻的女秘书穿着性感内衣，戴着那条项链。然后镜头再回到凯伦泪流满面地盯着梳妆台上的家庭照片，回忆她的生活。乔妮唱道："我记得的是爱的幻觉，我真的一点都不懂爱。"

人们经常会问，为什么出轨在今天备受关注？为什么它带来的伤害这么严重？

佩瑞尔认为，要理解出轨，就得理解现代婚姻。出轨是一种古老的行为，它与婚姻相伴而生，随着婚姻模型的变化，出轨也在变化。而且，无论婚姻如何与时俱进，出轨不仅不落败，而且似乎总是更胜一筹。

美国心理学家伊莱·芬克尔曾经根据马斯洛的需求层次原则，将美国人的婚姻分为三种模型：经济模型、亲密关系模型和个人实现模型。

根据马斯洛理论，人的需求由低到高分为：生理需求、安全需求、爱和归属感、尊重和自我实现。1800 年之前，婚姻是一个经济结构，满足的是温饱和安全的需求，没有人会为了爱情而结婚。至少爱情绝对不是重点。从 19 世纪中期开始，随着浪漫主义思潮的兴起和城市化的进展，婚姻的主要功能逐渐开始向爱与陪伴靠拢。到 20 世纪 60 年代反主流文化运动之后，第三种婚姻模式出现了——仍然寻求爱与陪伴，但更强调自我发现和个人成长。在现代婚姻中，美国人希望通过婚姻找到自我、追求事业、发掘核心自我。

按照芬克尔的诊断，现代婚姻的问题就在于供求不平衡。现代人对于婚姻的期待值前所未有地提高了，却并没有做相应的投入。在美国，大多数夫妇都不会投入时间精力去考虑婚姻中爱与自我表达的事——有孩子的夫妇会花时间考虑养育儿女的问题，没孩子的则会花更多时间工作。他将这种情况比喻成"在氧气不足的情况下攀登马斯洛需求之山"。

佩瑞尔也认为，现代婚姻的问题，在于它承载了太高的理想。在现代婚姻里，我们对"另一半"的期待几乎是宗教式的，是唯一，是弥赛亚，是救世主。这也不难理解，毕竟在这个个人主义社会里，一个人的自我必须独自承担重负，在找到另一半的时候，终于有了一个同行者，你希望他/她能证你过去所有的选择，寄托你所有的归属感、身份感、价值感，你期待这是一场"真爱"的修成正果，是孤独的终结，是无条件的接纳，是最高层面的精神满足，是人生的意义之所在。

但佩瑞尔认为，更重要的问题在于，现代人对于婚姻的理想本身是自相矛盾的。一方面，我们希望我们选择的人能提供稳定性、安全性、可预测性和可依靠性——所有的锚定体验；但另一方面，我们又希望同一个人能带来惊奇、神秘和冒险。给我安慰，也给我刺激；给我熟悉感，也给我新奇感；给我持续的关爱，也给我意外的惊喜。"今天的恋人们试图把永远对立的欲望带到婚姻的同一个屋檐下。"

从这个角度来说，出轨的伤害不仅在于个体，不仅是对信任的冒犯，也是对爱情乌托邦理想的粉碎。

反讽的是，在我们这个时代，一方面，浪漫主义蛊惑我们对婚姻寄予宗教式的期待，但另一方面，一旦婚姻出了问题，我们应对问题的方式又常常是消费主义式的。

佩瑞尔说，她在咨询室里经常会遇到具有现代婚姻观念的消费者。他们购买了婚姻这个产品，把它带回家，发现里面少了几个部件。于是，他们来到修理店修理它，好让它看起来更像包装上的东西。

"我的需求没有得到满足。"

"这段婚姻不再适合我了。"

"这不是我签的那份协议。"

美国心理学家威廉·多尔蒂认为，这是消费主义的价值观——"个人利益、低成本、权利和避险"——渗透到浪漫关系中的后果。

消费文化不断用更好、更年轻、更活泼的东西来吸引我们，而我们则把即时满足和不断变化当成一种权利，不会再为另一个人、为一段婚姻忍气吞声。由此，婚姻变成了一种体验经济，其价值和寿命都取决于能否满足我们对体验的渴望。如果我们感到无聊，稳定的家庭、丰厚的收入和乖巧的孩子又有什么用处？

但是，对于佩瑞尔而言，最令她困惑的是，即使幸福的婚姻，也不能对出轨这件事情免疫。她的咨询生涯中遇到过很多这样的案例，一些成年男女，都是心态平衡、人格成熟、充满爱心的人，多年保持着对婚姻的忠诚，然而有一天，他们越过了他们从未想要越过的界线，冒着破坏他们辛辛苦苦建造的一切的风险，他们说，我深爱我的妻子／丈夫，但我出轨了。为什么？

存在主义式婚姻

佩瑞尔说，当出轨与夫妻感情无关时，你就得考虑"越界"的问题。他们到底要逃离什么，他们渴求的又是什么？为什么这些人为自己的出轨深感痛苦内疚，却并不后悔出轨这件事情本身？

她说，出轨的本质是越界，是打破规则，包括自己辛辛苦苦设定的规则，无论是内部的，还是外部的。但正是这种孤注一掷的感觉，让他们感觉到自由，感觉到活着。

在她的第一本书《亲密陷阱：爱、欲望与平衡艺术》中，她提到她的父母都是奥斯威辛集中营的幸存者，而且是他们各自家族中唯一的幸存者。在集中营的数年里，他们每一天都与死神面对面。所以，当他们终于离开人间地狱之后，他们唯一想要的，就是"复仇"。

怎么"复仇"？

他们复仇的方式，就是真正地"重生"。

她说，一个人没死是一回事，活着则是另外一回事。很多经历了大屠杀的人，只是还幸存下来没有死，但她的父母不仅幸存了下来，而且好好地活着，活得光彩照人。

这让她想到那些来到她的咨询室的人，他们坐在那里抱怨他们的性生活，你也许会觉得，跟生死比起来，这些抱怨难道不是太琐碎、太无聊了吗？但他们要的不是性。他们想要的是感觉到活着，生机勃勃地活着，有亲密的连接，有希望，对于自身有好奇，相信人生的可能性。

她认为，性，就是这种活力的重要源头之一。性不只是一种行为，而是一种语言，她感兴趣的是这种语言诗意的那一部分，也就是"情欲"。

在那本书中，她提出一个很有趣的概念叫"情欲商"（erotic intelligence），指的是一种在情侣之间制造距离、空间、未知，并将其中危险、神秘、陌生的感觉注入日常生活的能力。

她认为，情欲是一种超越性的体验，因为它是一种想象。普鲁斯特曾说过，爱情存在于想象之中，而不在对方身上。即便只是想象出来的亲吻，也和数小时真正的翻云覆雨拥有同样的魔力。

婚外情有时涉及性，有时并不涉及，但都跟情欲有关。它是一种被看到、被注视、被触摸、被渴望的渴望。佩瑞尔的很多来访者都向她谈到出轨给予他们的一种"被唤醒"的感觉。

什么叫"被唤醒的感觉"?

那是一种被缚多年的生活突然被打开的感觉——生活已经被缩小到一条可预测的轨道上,所有事物都似乎平淡无奇,你可以一眼看到自己生命的终点。直到此刻,所有的身份标签跌落,你不再是一个妻子/丈夫、母亲/父亲,或者好员工、好市民,你只为自己活着。

佩瑞尔说,当你选择了一个伴侣,就是选择了一个故事,那个故事变成了你的生活,然后有一天,你突然意识到,为了适应那个故事,有一部分的你磨损了,或者干脆消失了。母亲后面的那个女人消失了,父亲后面的那个男人消失了,一个负责任的成年人背后的那个孩子消失了。为什么你觉得自己"活着"?因为那是曾经失去的自我的召唤。

她把这样的婚外情称为存在主义式的出轨,因为它们深深地嵌入了生命的本质。在这种境况里,出轨不是症状,也不是病态,而是一场身份认同的危机,是人格的内部重组。他们在这场婚外情中发现的最令人陶醉的"他者",不是新伴侣,而是新的自我。"有时候,当我们寻求他人的目光时,我们背离的不是伴侣,而是我们已经成为的那个人。我们并不是在寻找另一个爱人,而是在寻找另一个版本的自己。"

半个多世纪前,弗洛姆就说过,爱不是一种感觉,而是一种能力。爱是一个动词，它不是一种永恒的激情状态，而是需要不断重复训练的日常实践。他还说，爱不是自然而然发生的事情。恰恰相反，爱需要纪律、集中、耐心、信仰，并克服自己的自恋。这里暗含了出轨能够给予婚姻最重要的启示——这个世界上从来没有无条件的爱情，你视之为理所当然的伴侣随时可能离开，而你最好版本的自己，真的在婚姻之中吗？

出轨后，一段关系的反思与重生

文 / 徐菁菁　口述 / 心乐

我之所以能接受大川回来，底线恰恰在于，我相信自己有能力承担未来可能发生的又一次失去。

你能不能原谅我？

那天，我正在老家的电影院里看电影，突然收到了大川（化名）的微信。他问："我能回家吗？"

大川是我先生。在那一年的年初，我们遭遇了婚姻的七年之痒。大川告诉我，他爱上了别人，想要离婚。一开始，我无法接受这段关系的破裂，希望他冷静一段时间再说。我花了几个月时间整理自己。等到那年夏天结婚纪念日的时候，我把签好字的离婚协议书和包括户口本在内的证件都交给了他。我们没有孩子，也没有复杂的财产分割问题，只要他下了决心，我们随时可以去民政局办手续。主动权在他手上。那时候，大川从家里搬了出去，但那几个月，他还会时不时地回来一趟，有时候是来拿东西，有时候是看看我们一起养的猫。我们保持默契，彼此不打照面。

收到大川的微信，我以为他又是例行回家看看，便告诉他，我这几天不在家，可以去。可是他回复："不是，我想回来。"我一时回不过神。我走出电影院给他打电话。他说："我就是想回来，你能不能原谅我？"我说："我现在完全不能明白你在想什么，要不然你想清楚写封信给我。"

直到现在我也没收到这封信。大川后来说，原因真的很简单，最初的激情过后，他和那个女生根本没有话讲，也没有能够在一起生活的感觉，他心里放不下我。他说："你让我还能怎么解释？"他解释不出来。

有些人认为，一旦有不忠发生，婚姻里的所有情感就土崩瓦解了，但真实的生活远比这复杂得多。就在我们犹豫是否要离婚的漫长时光里，我们依然会在微信上交流。工作、新闻、生活，我们一直都是无话不谈的朋友。大川回家的时候会往冰箱里添置东西，还有几次干脆留了做好的菜给我。他觉得他不在，我根本不会照顾自己，吃得都太简单。我对他的关心也没有因为伤害戛然而止。就在他刚开始提出离婚的时候，我能看到他面对自己的情感纠葛也在承受巨大的压力。有几个月，他很少吃东西，睡不着觉。我会担心他的身体是不是承受得了。他提出回家以后，我并没有马上同意。直到有一天晚上，他来送东西，我在楼下等他。上楼时，我走在他前面。到家开了门，我转身才看到灯光下他的脚——天很冷，他光着脚没穿袜子。我一下子觉得整个人都特别不舒服。"你怎么让自己过得这么落魄？"我问他。就在这一天的晚上，他"耍赖"问我能不能留下，我让他把家里的另一间卧室收拾出来，先做回室友。

很多人的婚姻是从荷尔蒙爆棚的爱情开始的。我遇到过那种让我看到就心跳加速的人，但大川不是。我和大川是初中同学，高中的时候又是同班、同桌。在我看来，我们是哥们儿、朋友，我还帮他追过女生。大一的时候，大川曾经向我表白，我几乎当场就拒绝了。我对感情是如此懵懂，我没办法相信，他会喜欢像男孩儿一样、作为好朋友的我。

在那以后的 8 年时间里，我们在不同的城市学习生活，我们都经历了恋爱、失恋，都在各自的学业生涯里遇到挫折，也都遭遇了家庭的几番重大变故。大川相依为命的父亲重病时，我陪他去超市买小米熬过粥。有一回我母亲突发急病，紧急手术，我从学校飞到北京，是他去机场接我，一路走高速开车回家。我始终视他为自己生命里最重要的那几个朋友，两个人相互支持着走过对彼此来说都不太容易的几年。

读研究生的时候，我们两个又到了同一个城市。那年夏天，大川一个月高烧不退，瘦得不成样子。他身边就我一个朋友。我拉着他到处看病。第二年，他再次犯病，这才发现之前的诊断是错误的。病情拖了太久，已经变得很严重。确诊的那个下午改变了我的一生。我还记得当时大川在做 CT，我站在病房外等结果，整个人都在发抖。我感到从未有过的恐惧：这个人有可能会离开我。我想，这个世界上，除了他爸爸，大川还有谁呢？除了他，我又有谁呢？我意识到，这个人对我来说，是不可取代的、唯一的存在。也就是在那一刻，我知道，我要跟他在一起。

锚与翅膀

虽然我的婚姻出现了各种问题，但我今天依然会劝很多年轻人结婚。人为什么需要婚姻？这个问题对我来说很简单：你愿意跟这个人长久地在一起。你们两个人一起做饭就没那么累了；你们的生活更经济；下大雨的时候，有人惦记你回家没有，和你相互照应。我可以很独立，但有他的生活比没他好。当我面对压力的时候，脆弱的时候，遇到困难的时候，有个人值得信任，能够帮我一把。我也相信，我的一部分快乐确实建立在我可以让另一个人更快乐的基础上。大川看我吃他做的饭会高兴，我收拾干净家让他觉得舒服。我能照顾好另一个人，这是一个人很实际的幸福。

大川的出轨对我来说是晴天霹雳，但我从来没有想过要轻易放弃这段关系，因为理智告诉我，我们彼此珍视的东西、我们在过往经历中沉淀下来的感情，所有收获并没有因为他当下的过错而改变。

在大川之前，我有过几段不成功的感情。它们不是不符合父母的基本要求，就是因为各种狗血原因被第三者毁掉。和大川在一起的时候，我已经放弃了对爱情不切实际的幻想。

所谓"婚姻"，拿掉那些制度性的安排，本质上就是承诺一段长久的关系，是一个"约"。你们敢不敢说：我们说话算数，我们一起生活。在这段关系里，必然会有让步，关键在于界限在哪儿。和这个人在一起，你需要让步10条，和那个人在一起，你只需要让步1条，但很可能，那1条是你不能接受的，那10条是你没那么在意的。在我和大川的关系里，一直都有我不喜欢的东西，但我知道，恰恰是那些我最看重的东西，有些是他可以给我的，有些我们彼此都能珍视和守护。

在我的世界里，父母的分量很重。他们是我的羁绊，也是我的幸福所在，是我生命中不可能漠视的关系。我在大学时曾经有过一个男朋友，彼此感情很好，只是我父母不认可他。那几年，我夹在中间压力很大。但最后我们分手，并不是因为父母的反对，而是因为他没有办法理解我为这段感情所承担的东西。他不明白一个女孩为什么跟家庭关系这么紧密，为什么要那么看重父母的意见，一定要获得他们的认同。大川各方面的条件同样不符合我父母的要求。我和他在一起之后，曾经隐瞒父母很多年。为了让父母接纳他，我们都做了很多努力。但大川始终非常明白，对我来说最重要的人是父母。他愿意跟我一样，对父母投入除了我之外最多的感情和时间，也感恩我的父母回馈给他的接纳和呵护。

我和大川在一起的十余年见证了彼此事业的成长；经历了彼此原生家庭的变故，数位亲人的离世；我们搬过十余次家，从租住半地下室到有了自己的小房子。这些年里，我人生中最重要的事情，都是跟大川一起面对的。他对我的关心和爱，确实是除了父母之外，任何人都没有给过的。在我看来，我们俩是一个共同体，在他面前我不用伪装。而且我知道，有些事情，不需要我解释，他能明白，而且只有他能明白。

大川搬回来和我做室友的时候发生过一件事，我们一起养了多年的一只猫病重，进入弥留阶段。这个世界上没有别人能够理解这只猫对我意味着什么。在喵喵最后的那些日子里，我只要不上班，就躺在床上，把它抱在胸口。我抱过前半夜，熬不住睡着了，他会把猫接过去，也抱在怀里。我们都希望，在它最后的时间里，始终身边有人。于是我们达成了默契，我早下班，他晚上班，尽量错开。直到它终于不吃不喝，几乎不动的那天，我跟公司请了假。我让大川去忙他的事，他起身去卫生间洗澡。就在这个时候，我发现喵喵不再呼吸。我起身冲到卫生间门口，告诉大川：它走了，它走了！他冲出浴室，到床前一边摸着喵喵的头，一边安慰我。他立刻跟同事联系，请了假。我自己一个人在卧室哭了很久，等我终于平静下来，抱着喵喵的东西走出门，经过卫生间的时候，看见大川背对着门，捂着脸，一个人在呜呜地哭，肩膀猛烈地上下抖动。在那一刻，我知道，只有他会跟我一样难过；只有他，能跟我分享这份共有的情感和记忆。我们还是一家人。

虽然在结婚以前，我们已经相濡以沫多年，但在刚结婚的时候，也曾经有过危机。他比较自我、任性、性子慢，行动力弱，而我相对严肃、自律、性子急，做事风风火火。这些特点映射在生活习惯上，常常令我们因为种种小事发生口角。但我很清楚，中规中矩的我骨子里其实对于随性自由、有批判性的人极为欣赏。这些年，我们不断地磨合，彼此补足。因为有他在，我整个人的节奏也跟着慢了一些，状态放松了不少，遇事也更加冷静和理性，少了很多人云亦云的盲目。在他身上，我实现了某些我自己不曾拥有的自由和想象。以前的我，不敢想象在房间混乱的状态下入睡，后来，偶尔也学着不洗碗筷就躺倒大睡；以前的我，不敢想象可以勇敢地跟同事说不，拒绝别人的要求，后来也可以黑着脸偶尔发个小火。我常常觉得，我的存在之于大川，就像是一个锚，他自我、随意、极端、情绪化的一面在某些时候会被我制约住，这个锚会让他不至于跑得太偏、完全失控；而他的存在之于我，就像一对翅膀，可以在我闷着头走得太过沉重、乏味的时候偶尔带我双脚离地，飞那么一下，让我有更广阔的视野，生活不至于因为眼睛紧盯地面而太过紧张、近视。

空气与爱人

在这么多年的相处和婚姻里，大川对我慢慢变成了空气一般的存在。我一方面离不开他，另一方面变得太习惯于他的存在。结婚的时候，你和一个人立下约定，真正维系这个约定的是"珍惜"二字。如果你不能始终以珍惜、好奇的眼光看待这个人，婚姻总会倦怠。看起来约还在，可联结的人已经变了。

出轨的事情发生后，有朋友安慰我，这就是他不珍惜、犯浑，不是我的错，以后难免不再发生这样的事，认为我应该跟他离婚。但以我的观察和生活经验，我有一个很明确的认识：婚姻是两个人的事情。婚姻出了问题，不只是一个人犯了错误，是这个关系发生了变化。对于我而言，问题变得很简单：我是不是还想要这段关系？如果是，我能做什么？我可以站在受害者的位置上，指责他违背诺言，把错误全部归咎在他头上，但这只能在情感上让我得到一时的发泄和满足，让我觉得自己其实很好、有被爱的价值。可我更想弄明白：问题到底出在哪里？就算我们真的分开，我也不能把这些问题带到未来的生活里。

记得大川刚提出离婚的时候，他说离婚并不意味着他一定会和另外那个人走到最后、有结果，但他觉得我们的婚姻已经难以为继，他没办法面对自己和我的关系。我逼着他说出到底问题出在哪里，到底有什么是不能挽回的问题。我对他提出的种种"控诉"感到非常震惊，因为我不得不承认他在琐碎生活中的种种不适感是有理由的。

大川特别爱开车。我一直认为，开车接送我上下班对他而言不是负担。有好几次，我在电话里和他说"你等一下"，我加着班，很容易忽略时间的流逝，他一等就是一个小时或者更久。我丝毫没有意识到这有什么不妥。大川出轨前有段时间，我和团队里的同事们对公司存在的一些问题感到很焦虑，我也犹豫是不是应该换工作。好几个晚上，我和同事们喝酒，就这些问题聊到很晚。聊完以后，我会让大川开车先送一位家很远的同事回家。我以为憨厚的他对这一切都不介意，可他后来告诉我，他对我们所有人踌躇不前的状态感到失望，也对我感到生气，他认为我早就不该把自己的生活、情感消耗在已经没有任何希望的人、事之上，我根本不在意他对整件事情的分析、意见，只在乎同事的看法和自己的焦虑。

大川还提出，我们之间的交流其实存在问题很久了：虽然我好像总留了一双耳朵给他，但没有真的在听。这句话对我的触动很大。我总以为，我们相识了这么多年，他的一切我都了解，但仔细想想，他的状态、工作、所处的环境，这些年里其实也是不断变化的，我并不真的了解现在的他是什么样子。比方说我知道他的职业是什么，也熟悉他的工作内容，但具体到他面对的困难、跟同事的关系、他的焦虑和困惑，我确实一概不知。一直以来，我们是交流频率非常高的情侣。我们会在工作的时候给彼此发信息，分享自己遇到的一些事情。从表面上看，我还是在回复他的消息，可实际上我只是带着一种惯性在交流。就像父母总可以很轻易地回应孩子：你好棒！夸奖背后没有具体的内容，本质上是一种敷衍。

回顾我们的整个婚姻，问题一直存在。我知道，没有人能够像大川一样接受我的全部：我的骄傲、我的独立，还有我对家人的无所保留。可我把这一切视作理所当然。在我的内心里，其实一直有一层隐秘的想法。当初我决定和大川在一起的时候，我各方面的客观条件都比他要好。他生着重病，我带他看病，悉心照顾他；他没有办法工作，也没有办法做重的家务活，经济和生活上的压力都是我来扛。再加上我为了我们的关系承受了父母方面的压力，我深感我为他付出了很多，不得不说，在后来的相处里，我实质上把这些当作了我们关系的筹码。

等我们走进婚姻的时候，大川的状况逐渐好转，我对他的关注就减少了。结婚七年，我留给婚姻的时间其实很少。头几年，我父母相继病重，我倾尽所有，一直忙于尽女儿的责任。与此同时，我的事业心很强，原生家庭的情况稳定以后，我有一种强烈的紧迫感，想把失去的时间补回来，几乎全身心地扑在了事业上。我自我感觉还是很关心大川的，可就像他跟我吵架时说的，每天我都会关心他：晚上到点去食堂吃饭了没有，早上起来药有没有按时吃，晚上几点睡的。但这些其实在他看来都不重要，他需要的不是一个无微不至关心他生活的妈妈，而是一个妻子。

我们曾经创造了很多过去，积累了很多共同的经验和情感，可是在很长一段时间里，我们在消耗情感的库存，没有创造出新的东西来。

我是谁

大川曾和我感慨，从前他是一个很骄傲的人，认为传说中的中年危机、七年之痒，都不会发生在他身上。现在他知道，原来他也脆弱得很，他对自己也没有那种骄傲了。我想，这是他对自我的审视。

婚姻里的变故，不仅让我以一个新的眼光看待我们的关系，也让我重新去整理自己。一个人的时候，你可以想象你拥有一个完整的自我，但其实在关系里，限制之中、摩擦之中，你感到痛苦，你要坚持一些东西，放弃一些东西，你更明确地知道哪些东西对自己更重要，哪个自我可能更真实一些。我一直认为，婚姻关系和自我最近。亲子关系是血缘赋予的，你没有办法选择，但在婚姻里，两个人走到一起，完完全全是因为你这个人。当你选择的那个人说他要离开你的时候，你不得不去想：我究竟是谁？

其实我认识大川的出轨对象。在我看来，她确实是比我更有吸引力的女性，我甚至完全能理解大川为什么被吸引。最重要的一点是，她比我鲜活、生动。这也是我没有办法单纯地仇恨、愤怒，或是简单、粗暴地处理这件事的原因。

记得大川和我提分手的时候，他对我有一个评价。他说我没有假期，没有特别想去的地方，没有爱吃的东西，一切跟自己有关的事好像都很随意。我特别光明、积极，却紧张、无趣，永远都在为工作、为别人努力付出。简而言之，我越来越没有自我了。这个批评在别人眼里可能矫情，可我知道它的分量。大川喜欢足球，能够记得很多球队和球员的信息；他喜欢车，对各种车的参数了如指掌。这恰恰也是他让我着迷的地方之一，我惊异于他能在这些只属于自己内心的东西上如此投入，那是我可望而不可即的一种状态。

这大概是最猛烈的一击吧。你到底是谁？你除了做个好女儿、优秀的职业人，你想要什么？你做什么会开心，会满足，会觉得踏实？

我出生在一个军人家庭，从小接受家族荣誉感教育：别人可以哭，可以退缩，但是你不可以，你要始终坚强、进取。女性的自我意识很多时候是和自己的身体、和美相关的，但从小，别人可以"臭美"，我不可以。一直到成年以后，我对打扮自己这件事都没有任何想法。我也没有什么机会去发展自己的爱好和才能。小时候，有老师来找我：你手指长，可以练钢琴；小孩身材不错，可以练芭蕾。我爸妈都拒绝了，说你就好好学习。我其实已经接受了这个事实：我没有明确的自我；我是软弱的；我渴望被需要，只有在被需要中我才能找到自我价值。我太害怕承认这一点了。

大川有句话我很认可，他说我们在以前的婚姻里在"彼此驯化"。我们容忍彼此不正确的行为模式，任由它们最终毁坏了我们的关系。其实在婚姻里，彼此要尊重对方，也要尊重自己。一段婚姻能不能存续，对我们而言最重要的是不要让它成为各自前进的障碍，不要让它阻碍我们变成一个更完整的自己。多年前大川重病初愈的时候，他曾经和我说过自己想花三年的时间尝试写小说，那是他一直以来的梦想。当时，我极力反对。我认为他必须去找一份正经工作，缓解我们两个人的经济压力，更重要的是，他要向我父母证明他是个可以接受的结婚对象。大川理解并接受了我的意见。回到当时的情境，我的现实考虑并非不可理喻，但现在想来，也未尝不可商榷。换作今天，我会从容很多。

反观我自己，多年以来，我拼命工作，在事业上获得合作伙伴和同事的认可；为了保持和父母的关系，我压抑自己的需求和欲望。当大川和我的婚姻没有出现明显问题的时候，我把他对我的接纳都视为一种认可。于是我有了一个庇护所，可以回避那些对自我的追问。那年夏天我们俩分居的时候，雨特别多。我印象很深，有一次下暴雨，我一个人从公司骑车回家，穿着雨衣，雨点砸在身上。我有种特别真实的感觉：我终于是在一个人面对这个世界了。我无处可逃，是时候正视我自己了。

从那时起，我开始学着更在意自己，倾听自己的需求，做自己真正感兴趣的事。记得有一天晚上，我下班坐地铁，一眼看见车门玻璃里照出的自己，突然感到：这张脸怎么那么难看？往下懈、松垮，老态毕现……我赶紧拿出手机自拍，放大了再看，抬头纹显现，眼角下垂，眼皮浮肿，鼻翼周围毛孔清晰可见，上嘴皮爆皮，下巴底下几个红包……我一时完全不能接受，眼泪都要流出来了。这并不是因为我在乎别人怎么看我，而是因为我意识到，我终于开始真的在意自己美不美。从前我几乎不自拍，也很少刻意照镜子。

我在学着卸下在很多关系上强加给自己的负担。大川回来以后，我花了好几个月的时间认定他对自己的选择是认真的。我决定重新接受他。当时的一个问题是，我的父母感受到巨大的伤害，无法接受我们的复合。在我过去的几段感情里，为了不让父母失望、难过，我都曾经让自己背负撒谎、隐瞒的重压。如果我还是从前的我，我会拿一纸离婚证让父母安心，然后和大川秘密交往。不过这一次，我拒绝重蹈覆辙。我给父母写了一封长信。我告诉他们，我以后不要再过不诚实的生活，不要再有欺骗、隐瞒，不管那欺骗、隐瞒是出于善意，还是因为各种不得已。我希望在今后的日子里，我们和他们能够坦诚相见，哪怕他们不能完全理解我、认同我，甚至还会气我、恨我。我相信自己的选择，也有勇气为这个选择负责。

我也放下了我和大川关系里的一些负担。一直以来，我觉得大川的身体不好，他在世界上没有其他的亲人，我对他负有某种不可推卸的责任和使命。后来我意识到，他是个对自己负责的成年人，他完全可以去开启另外一段生活，找另一个人爱他。当我觉得他并不是那么需要我的时候，我反而释然了很多，感到自己也并没有那么不能离开他。我想，我也可以照顾好我自己，独自生活。在把离婚的主动权交给大川的时候，我的内心里已经完成了一场重新整合。我从此认识到，对于一个成熟和自我完满的人来说，没有什么关系是不可失去的。

说起来似乎有些矛盾，我之所以能接受大川回来，底线恰恰在于，我相信自己有能力承担未来可能发生的又一次失去。

离婚：
出走的勇气与痛

文 / 王珊

越来越多的人选择离开婚姻，人们结婚的目的不再是搭伙过日子、生孩子，而是在情感方面表现出了更多的需求。当婚姻本身不能满足这种多元化需求时，女性会比以往更愿意离开婚姻。

上升的离婚率

2019 年 6 月，冯和（化名）在离婚 9 个月后才觉得自己走出来了。她今年 33 岁，在深圳工作。前夫是她在高中毕业的暑假通过网络认识的。认识之初，前夫给她讲过很多自己家里的故事，他说家里有几个姐姐，母亲因为生产坐月子留下了后遗症，一直不能工作，所有的生活都要靠父亲打工来承担。在前夫的描述中，他的母亲就像一个魔鬼，他说她不是真的生病，只是为了逃避生活和抚养孩子的责任才假装生病。前夫给出的证据是，他的父亲带母亲去了很多大医院，都没检查出具体的问题。前夫说母亲很严厉，总是骂他和几个姐姐，大姐成绩很好，读高中时母亲强烈阻挠不让她去，把姐姐逼成了精神病；对他，母亲也不够好，他上学需要买个蜡笔、文具什么的，她都不会给钱。

冯和觉得前夫很可怜，还有一种惺惺相惜的感觉。从小，母亲对她就是挑剔的。冯和的家乡在南方一个小城市，母亲在一家乡镇事业单位上班，父亲则在市里的一家公司工作。5岁以后，冯和跟着父亲到市里读书，一周才能回家一次，母亲只关心冯和的学习，有一点儿不满意的地方，就会对女儿指责谩骂。她从来没问过冯和是否适应学校的生活。在冯和的记忆里，总是会出现一个画面，刚到新班级的那一天，班里有个同学打了她一巴掌，还把她推倒在地上，她也不敢还手，拍拍土自己站起来。父亲又很忙，很难顾及她。"我们租住在一个出租屋里，我的童年大部分是一个人守着黑夜度过的。我是一个非常胆小的人，房间里像是总有莫名的声响惊得我心里一乍一乍的。没有人问过我害不害怕。每次我爸回来时，我都已经睡着了。"冯和告诉我。

长期的孤单和无所适从，使冯和有些孤僻，她不懂人情世故，见了人也不会主动打招呼。前夫的突然出现，让她觉得有了一丝倚仗。他会告诉她如何处理与大学室友间的矛盾，跟什么样的人交往要注意哪些问题。尤其是工作后，人际圈子变得更加广泛，前夫的作用更加明显。但前夫也有自己的问题，比如说他的偏执，他做错事情从来都不会认错。冯和举了一个最简单的例子，有一次，家里的一个杯子盖怎么都找不到了，问他去哪里了，他会坚持说那个杯子没有盖子，任何人都很难去改变他。

冯和工作之后，前夫就辞了职，他跟冯和说，他不是不愿意工作，只是觉得冯和有能力养活两个人。他说，如果他们遇到了困难，他一定会去努力。即使如此，冯和也没有想过与前夫分开。她离不开他。恋爱的时候，他们分开过，冯和说世界一下子混乱起来，没有了前夫的指导，她面对同事、客户会觉得无所适从。冯和说，与前夫的相遇，让她觉得两人就像《白夜行》里的两个孤独灵魂，不能见光，只能在黑夜里相依为命。"因为在人群中我们可能是怪人，是残缺的人。而当我们两个在一起，会觉得相互温暖。"冯和说，所以当前夫来求她复合时，她很快就答应了。

作为一所二本院校的毕业生，在深圳这个城市，冯和并没有什么优势，好在她勤快，肯吃苦，如果是一个人，工资倒也绰绰有余。不过当这些钱用于两个人的租房和日常开销时，冯和有些透不过气。"他完全变成了婆婆的样子。"冯和告诉我，那是一个四肢都变形的女人，长年躺在床上。

冯和慢慢发现，前夫在指导她的同时，也在一步一步控制她的生活。他会表示出对她朋友的不喜欢，说对方有这样那样的问题。为了让前夫高兴，冯和渐渐放弃了跟朋友的沟通交流，在这个过程中，她从前的喜好、欢乐一点点被抹掉了，她觉得自己变成了他的影子。家里的事情，能让他的都让他；有分歧时，能依他的都依他；遇到困难，都尽量先照顾他。"因为我的退让，我们很多时候还是可以过得很好。然而，我变成了很空泛的一张脸。"冯和说，丢掉了自己让她觉得分外痛苦，她记得自己曾看过一部电影，叫《心灵想要大声呼喊》，电影讲述的是一个小女孩因为说错话，导致父母离异，从此失去了自己的声音，因为她潜意识里认为自己不应该说话。整部片子，一直围绕着小女孩如何找回自己的声音这个主题。每次听到电影的主题曲，冯和就会泪流满面，"我也失去了倾诉的能力"。

最终促使冯和下定决心离婚的是儿子的出生。因为早产，儿子在保温箱里待了13天才出来。冯和说，儿子好瘦小，像只猫一样，因为肺发育得不是很好，喘气的时候呼呼作响。冯和总是担心儿子会死掉。那段时间她很焦虑，白天晚上都守在孩子身边，根本没有心力管前夫。然而有一天，前夫的手机放在卫生间，冯和打开之后看到了他跟其他女生的暧昧信息。

冯和一下子就崩溃了。"我之前一直想，不管他工不工作，对我好不好，他起码对我是有感情的。我去质问他，他却无所谓，说一切都是因为我不关心他。我发现我完全不了解这个人。"离婚后，冯和等前夫把所有东西都拿走了，才开始慢慢收拾屋子。"好像这两间屋子到离婚后才是我的家。以前我每天都在忙碌，想着如何维系这个家，可家里却是乱糟糟的。我不去收拾也不想收拾，或者说，我的内心里早就没有了爱，没有承认过这是自己的家，这只是我苦苦撑起的一片屋顶，我面对的只有压力和痛苦。"冯和说。

离婚之后，冯和的痛苦很难纾解，她会去社交媒体上看帖子。"知乎"上的一个问题"你离婚的原因是什么？"被浏览了 200 多万次。冯和几乎看了问题下面的所有回复。她突然发现，原来许多人跟她一样，在经历了不幸福的婚姻后选择离开。"我觉得他们比我勇敢，能够及时止损。我却在这场感情里待了将近 10 年。"冯和将自己的经历写在了社交媒体上，也有很多人私信给她，向她寻求帮助，诉说自己在婚姻中的不幸，许多人提到了想要离婚。冯和给不出什么建议，但她会分享自己离婚后的生活，父母帮忙接送孩子，自己不用赶着回家做饭，下班路上学语言，生活变得宁静、满足、安定，"我好久没有体会到这种感觉了"。

越来越多的人选择从问题婚姻中走出来。2018 年，冯和离婚的这一年，全国离婚登记人数增长为 380 万对，离婚率实现了 15 年连续上升。第二年，全国结婚登记人数有 947.1 万对，而离婚登记人数已经增长到 415.4 万对，离婚对数与结婚对数的比值达到了 43%。从某种意义上说，用这个数值衡量离婚率不太严谨，更符合科学统计意义的是对粗离婚率的统计，它是某年离婚次数与某年平均总人口数的比值——自 2012 年至 2017 年，我国粗离婚率由 2‰ 逐年上升至 3.2‰。

早在 2012 年，北京市京师律师事务所的离婚律师许秋莉就发现了这股增长的趋势。原本她是做房产类的刑事诉讼，但她发现在民商事诉讼里，离婚导致的婚姻家庭案件是逐年递增的。"随着城镇化的发展，尤其是北京经过几轮拆迁，人们的财富迅速积累，离婚会涉及房产的分割问题，少则三五百万，平均也有上千万，所以很多人会花几万块钱请律师。"这一年，全国离婚率增幅为8%，首次超过结婚率增幅。许秋莉将自己的业务转了方向，现在她每年要办 35 起离婚案件。"咨询的人数更多，大概每 10 个咨询者中会有一个真正走到诉讼程序。"

压倒婚姻的琐碎

朱耀萍是颇能感受到这股离婚浪潮的。她 51 岁，是一名心理咨询师，她所在的上海睿家社工服务社（以下简称"睿家"）就在浦东民政局的对面，与离婚登记处相对。这是一家由浦东社工协会发起创办的民办非营利性社会组织，主要的工作是为前来离婚的人做离婚指导，并试图劝和。位于三楼的浦东民政局整个空间格局被分成两块：左手边的红色背景墙上贴满了爱心，"今天，我们结婚了"；右手边则是离婚登记处，素净的白色墙上除了几块牌匾没有其他热闹的东西。走进婚姻登记处的人虽然话语都不多，但很明显左边有一股朝气，洋溢着爱意，右边的人却像一对对无关的个体，口吻冷淡，姿势僵硬。朱耀萍的主要任务就是观察每一对来的人，以判断哪一对还有"劝和"的可能性，并及时邀请对方进行离婚辅导。

朱耀萍说，据她观察，来离婚的人有 30%~40% 内心深处是不想离婚的。他们可能是因为家里的矛盾长期积累，没有好的解决途径，一次吵架情绪激动，谁也不服软，就来到了这里。在朱耀萍的经验里，那些到了离婚登记处仍在争吵的人，其实往往没有想清楚要不要离婚，情绪越大越愤怒的，往往在婚姻中觉得更加委屈。"很多人认为，离婚可能总是跟出轨、家暴挂钩，其实也不全是如此。"

朱耀萍的咨询室里曾经来过一个女性，一直觉得自己在婚姻中受了委屈。刚开始是丈夫追求她，对她非常好，等成功以后一切都反了过来，她要帮男生准备早餐、洗衣服。"两个人年龄都大了后，男生一直不提结婚的事。女方就追着男生结婚，对方连彩礼都没给。女生是名校硕士毕业，男生只是一个大专生，乍一看女生是强势的，但女生由于小时候经历的问题，一直处于低自尊的状态，加上婆婆怕儿子吃亏，也一直给她施压，她忍受不了了，就来离婚。"此时，朱耀萍要做的就是帮她建立起自己的自尊，告诉她如何去面对自己的需求，她自己又有什么样的资源可以应对。

当听到许平平（化名）离婚的消息后，周围的朋友都是吃惊的。在大家的印象里，他们夫妻两人一直感情很好，外形也搭配，一个高高大大、干净清秀，一个则甜美可爱。面对朋友们诧异的眼神，许平平先是说了六个字，"就是觉得很累"，随后她讲述了一件又一件事情，以阐述她在婚姻中的疲惫和无力应对。每件事情都很小，却将她的婚姻拖向了最终的崩析结局。

最早的矛盾发生在做家务上。许平平 28 岁，生活在北京。从

2015 年开始，她辞职在家，做了一个粉丝量不大不小的微信公众号，几乎所有的时间都在家里想角度、想选题、憋稿，与广告客户打交道，一篇稿子的阅读量比以往下降或者粉丝比以前少了几百个，许平平都会觉得压力很大。所幸，收入还算稳定。许平平的老公看不见这些。他只认准一件事，就是许平平每天在家里，不用出去上班，应该负责所有的家务，他回到家应该有一桌热气腾腾的饭菜等着他。"有时候他看见地上脏了，就会一直在一旁唠叨让我去打扫，却从来没想着自己说这么久已经能动手收拾无数遍。"许平平是那种听不得唠叨的人，有一次被老公讲得烦了，她起身挥着扫帚摔向了椅子，扫帚折了，她老公这才住口。

如果说这种事情还能勉强接受，那最让许平平忍受不了的是老公的立场问题。平平和老公租房的房东是个老太太。老太太有一些不好的习惯，有事没事总会拿来一些乱七八糟的东西，要求放进他们的家里。许平平觉得心里硌硬，有时候她不在家，东西放进来，她就给丢出去。有一次对方又来了，带了一只不知从哪里捡来的破椅子，非要放进去。许平平跟老太太吵了起来。恰巧老公回来了，许平平原本以为多了个帮手，没想到老公居然指责她小题大做，在门口跟人吵架很丢脸，还认为放些东西无所谓。那一瞬间，让平平觉得身边的这个人很陌生，"不是应该一致对外吗？"

她有些愤怒，但还是找机会冷静地跟老公沟通这个问题，她发现双方的交流是无效的。最后她发现，老公并不是不明白这个道理，只是仿佛她处于一个不舒服的状态，老公才会觉得心里好受一些。许平平和老公是高中同学，许平平一路在国内最好的大学读本科、研究生，老公毕业于一所普通的二本大学，毕业后凭着家里的关系进入了省内一家还不错的国企。有一次同学聚会，两个人互生好感，选择在一起，许平平的老公为她辞职到了北京。"现在想来，这是一个错误的决定。"许平平说，自从老公辞职以后，只要两个人发生口角，"他都会说是为了我才到北京的。他会将工作的不顺利、各方面的失落都归结到这上面。我知道他心里可能有些落差，毕竟在这里人生地不熟"。

这样的状态持续了起码一年的时间。在这期间，许平平一切都小心翼翼，就连两个人平常聊天都要反复琢磨才敢说出来，她不知道说到哪个字就能把老公点燃了。"我太不开心了。与其两个人过得这么不开心，还不如一个人生活好。"离婚前，许平平的父母劝她再思量一下，毕竟离婚对一个女生来讲总是不好的。"如果婚姻需要磨合，那我们俩一定是世上最不匹配的两块石头，磨合的代价太大了。"许平平说服了自己的父母。

2018 年，浙江省高级人民法院公布浙江离婚大数据：浙江省全省法院离婚纠纷案件近 5 万起，其中离婚原因排名第一的是生活琐事，占离婚纠纷总数的 34.21%。中国其实不是先例。20 世纪 80 年代美国离婚潮背景下，心理学家琳恩·吉格（Lynn Gigy）和加利福尼亚州调解中心执行总监琼·凯莉（Joan Kelly）对 80 年代中期加利福尼亚科尔特马德拉的 437 对离婚夫妇进行了研究调查。

他们发现，80% 的离异男女认为，他们婚姻的破裂是因为他们彼此疏远，丧失了亲密感，或是因为他们感受不到爱与欣赏，只有 20%~27% 的夫妻说婚外情要负部分责任。

美国华盛顿大学心理学教授约翰·戈特曼认为这一调查是美国关于离婚原因最为可靠的一个研究。"大部分记录过婚外情的婚姻治疗师发现，是婚姻中存在的问题把夫妻送入离婚的轨道。也使其中一人或者两人去寻找婚外的亲密关系，这些幽会通常与性无关，而是在寻求友谊、支持、理解、尊重、注意以及关心。"戈特曼的判断和陈述基于他长达 40 年对婚姻关系、家庭关系的跟踪研究。他的研究对象涉及 3000 个美国家庭、700 对新婚夫妇。有人总结过这样一句话，生活琐事最大的特征就是，说出来矫情，吞下去难受，最后的结果就是堆积起来，汇聚成压倒婚姻的稻草。

出走的勇气

赵芳是复旦大学社会发展与公共政策学院教授，自 2006 年博士毕业后，她的研究方向一直是婚姻和家庭。对于离婚率的上升和离婚原因的变化，她觉得很正常，"这说明人们对婚姻有了更多元的追求。过去人们结婚的目的是结伴过日子、生孩子，现在人们在情感方面表现出了更多的需求。所以当婚姻本身不能满足这种多元化需求时，人们，尤其是女性会比以往更有勇气离开婚姻"。

"过去很多工作以体力为主，女性在这种模式下是弱势的。传统文化对女性是有一定束缚的，所以尽管女性有时觉得婚姻中的需求并没有得到满足，或者情感没有受到尊重，仍然会选择留在婚姻中，因为没有其他的选择。"李松蔚是一名心理咨询师，他认为，对于离婚，不少人的迟疑源于对外界压力的恐惧。"在中国的文化里，婚姻可以感情平淡，可以吵架、出轨，可以没有性生活，就是不能离婚，因为离婚对孩子不好，对自己影响不好，也有的人担心父母在街坊邻居面前抬不起头。"李松蔚见过一些当事人，有的父母会告诉对方，即使男方出轨，在外面有一个家，只要承认女方"大房"的地位，每月给生活费，也没什么需要再去争取的。

2004 年一度爆火的电视剧《中国式离婚》描述的就是类似的情形。女主角林小枫是个小学老师，她热爱自己的工作，事业顺利并且有升迁的可能性。不过为了照顾孩子、支持老公的事业，林小枫选择回家做家庭主妇。随着老公职位的上升，作为家庭主妇的林小枫慢慢变得极度不自信，对丈夫充满了怀疑。她偷看丈夫的短信，半夜起来翻看他的外套，给他的每一位女同事打电话找所谓的"情人"，还大闹丈夫所在医院。她逐渐变成了一个狭隘、多疑、可悲的中年妇女，已然没有了自己，喜怒哀乐全需仰仗对方给予。她不愿意离婚，却不得不接受丈夫最终的决定。这部电视剧让中国家庭第一次开始与离婚这一话题正面相视。

作家王海鸰是这部剧的编剧，也是同名小说的作者。王海鸰说，在《中国式离婚》中，林小枫的形象并不是纯粹虚构的。"那时很多女性处在痛苦的婚姻中，但很少有人勇敢地走出来。可能碍于家庭，或是不敢独自面对生活的恐惧以及外界的声音。"王海鸰印象很深的是自己儿子同学的父母。他们经常在孩子面前动手，为了平息父母的战争，这个孩子曾一度拿起刀子扎向自己。王海鸰将这个情节写进了剧本——为了阻止林小枫和丈夫吵架，儿子当当拿刀割了自己的手。

一个有意思的现象是，当王海鸰最初的小说成稿出版后，王海鸰收到了两个截然不同的反应——编辑部的男编辑看了之后高兴地笑了，说："难得看到这样的作品，为我们男人说话！"另一方则是不少女性读者写信质问她为什么要塑造这样一个女性形象，"她们大致表达的意思是，女人何苦难为女人"。

王海鸰对林小枫这样的婚姻是批判的，但她自己在现实生活中也不得不进行妥协。王海鸰在20世纪80年代末结婚，但婚后发现自己跟丈夫三观很不统一，尤其是在养孩子这件事情上。当王海鸰发现自己怀孕后，丈夫提出不要孩子，王海鸰不同意。等孩子两岁的时候，丈夫提出离婚。王海鸰拒绝了，她希望给孩子一个完整的家。因此，这个事实上只存续了一个多月的婚姻，最终维持了5年。"那时候离婚的人少，会被歧视。总有些人无聊时会拿父母离异的孩子消遣。我怕别人问他：'你爸爸为什么不要你？'"王海鸰说。

随着女性受教育程度的提高以及经济的独立，情况已经发生了变化。李松蔚说，在现代婚姻中，女性比以前更愿意走出不适区。"如果她们还活在非常陈旧的观念里，她们就会觉得不该离婚，就不会来做咨询了。很多人来正是因为她们不知道是不是还应该忍下去。说明人们对离婚的担心变少了。"

2018年，中国司法大数据研究院制作了国内有关离婚纠纷的专题报告。报告显示，2016年1月1日至2017年12月31日的全国离婚纠纷一审审结案件中，73.4%的案件原告性别为女性。与之相对应的是上海社科院的一组数据：1986年，上海高等院校和科研机构女硕士生的比重不到20%。到2017年，上海高校毕业生中获得硕士学位的女生有6.84万人，占硕士总数的50.3%；获得博士学位的女生1.27万人，占博士总数的48.8%。一位在离婚登记处做劝和工作的人员说，她曾遇到一位女性在离婚登记处斩钉截铁地要跟老公离婚，表示什么东西都不要，孩子也不用男方抚养，"看不上对方的人品"。

在20世纪80年代，美国的学者最早考察了女性角色变化对婚姻的影响，他们发现两个比较有意思的现象：一是随着女性地位的提高和自我意识的增强，妇女获得较大的离婚自由度；而另一方面，随着男女平等意识的增强以及男女角色的趋同，夫妻角色间互补性成分减少，婚姻凝聚力也遭到削弱。而如今，夫妻之间的许多问题，都与这两个性别、角色上的变化现象有关，比如妻子常常抱怨丈夫仍然没有做他那份家务活、不愿意照看孩子等等。在这些变化之下，如果丈夫接受妻子的影响，他们则会拥有一个幸福的婚姻，如果丈夫不愿意接受妻子影响，他们的婚姻则会风波迭起。

难以抵达的"体面"

在下定决心离婚后，宋雪并没有选择当面跟丈夫李东（化名）讲出这个决定。她怕会引出一番新的争吵。她给他发了微信，内容很简单：我们离婚吧。为了让李东答应，她又补发了一条信息："离异后，我会将所有财产给你三分之一。"直到李东回了一句："好的。"她才将憋紧的一口气吐了出来。她再也不想待在这段婚姻里了。

宋雪48岁，是一家外贸公司的负责人。23岁时，她跟丈夫相识于广州。当时她在一家外贸公司做销售，丈夫是一家纺织厂的会计。两个人投缘，聊得来，也能够玩到一起去，很快进入了婚姻。结婚之后，宋雪从公司出来单干，还拉李东过来帮忙，公司规模越来越大，成为一家国外电子企业在中国最大的代理商。裂痕在生活越来越好时慢慢出现了。宋雪越成功，李东越觉得自己在婚姻中没有地位，除了在公司处处跟她做对，在家里也开始对她指指点点。

2013年，公司在运输货品时出了一次事故，造成好几个人伤亡，宋雪几乎将所有身家赔了进去，住房也被抵押。为了还债，她将所有的精力都投到了公司里。李东不仅没有安慰和帮助她，还嫌弃她因为暴饮暴食不断肥胖的身材。之所以 2019 年下定决心离婚，是因为儿子高考结束了，宋雪觉得这时候办理离婚能够最大程度地减少对儿子的伤害。在李东答应后的第二天，两个人就领了离婚证。没想到，刚一离婚，身边的朋友就过来跟她说，李东早在三年前就有外遇，公司很多人都知道。"我当时觉得很庆幸，在一切丑陋揭开之前选择了离开，起码保持了两个人的体面。"

越来越多的人选择离婚，但很少人能够做到和平分手。来找律师许秋莉的当事人多数都已经过几个阶段的循环反复和崩溃，他们会冷静地告诉许秋莉："许律师，我就是想离婚，现在只剩下财产的问题，能不能实现利益最大化？"但平静并不能坚持多久，随着官司的推进，这些婚姻中的各种痛苦、无奈最终一一呈现了出来。"有时候不到法庭，你根本就不可能知道两个人在婚姻中究竟经历了什么。"许秋莉说，与其他民事官司不一样，离婚官司并不是只解决财产分割或者孩子抚养权的问题，"你会发现当事人对财产以及孩子抚养权诉求的背后，是在情感上想要一个补偿或者着落。而这些问题，是法律和律师解决不了的"。

许秋莉有一位男方当事人，在打官司期间，曾经给了许秋莉很多他母亲跟妻子吵架的录音。许秋莉第一次碰到这样的情况，听了之后才知道，女方和婆婆有矛盾，每次吵架都找老公来评理，但两个人说法不一样，都站在各自的角度，一个说对方说了什么，一个却不承认。实在没有办法，就吵架时开录音。有一次吵架是因为洗衣服。儿媳妇有些洁癖，所以洗衣服会在洗衣机里放消毒水。婆婆对消毒水过敏，看见儿媳妇洗衣服就很生气，认为儿媳妇是想害死她，她就给还在上班的儿子打电话，顺便把在老家的丈夫也招了过来评理。女方很委屈，跟老公抱怨、吵闹，"你妈来了也不干活，还挑刺"。

"男方听不下去，也不想听，他一直以来的处理手段都是退让回避，要不就是等事情平息了才回家，如果女方非要跟他犟到底，他无条件支持他的母亲，认为母亲很辛苦，必须要尊重她。"许秋莉说，男方家属于非常传统的家庭，虽然和女方家在同一个市区，但春节放假一定要在男方家里过，后来两人各不相让，就各回各家，有一年赶上女方的预产期，男方也不在身边。即使跟许秋莉沟通，男方还是坚称自己在婚姻中是没有问题的，他说要找一个能够接受他们的家庭观念的女生。"这些既往的经历，使得女方在离婚官司中一直表现得非常坚决，离婚条件其实对女方非常有利了，但女方就是不肯在孩子的抚养问题上让步。"许秋莉说。

许秋莉说，其他民事官司可能开庭一两次就判决了，而离婚官司可能要开庭四五次或者七八次，乃至拖个三五年。"真正做案件的时候，其实有心理疏导的成分在，离婚律师一半的工作其实都在这个上面。所以很多人找女律师作为离婚律师，也是觉得女士更能体会他们之间的情感问题。"因为要处理太多的离婚纠纷，许秋莉也会寻求心理工作者的帮助。"会有很多问题想请教，想听听他们对一件事情的看法，每一个动作或者情绪爆发背后是什么。"

如何体面地结束一段婚姻，这个问题不仅困扰着离婚律师，也困扰着心理咨询者。即使是著有《良性离婚》，并宣扬通过努力能够达到"好聚好散"的美国心理学家康斯坦丝·阿荣斯，在自己离婚时，也经历了大吵大闹和分崩离析。不仅如此，阿荣斯在《良性离婚》中研究考察的样本并不是处于离婚期的人士，这些人至少离婚时间达一年以上，且双方至少有一个18岁以下的孩子。这是样本双方能够达成统一的前提，以使他们能够克服彼此已有的裂痕、不信任，并且拥有足够的宽容和智慧。需要提到的是，即使如此，样本里符合良性离婚要求的依然非常少。

赵芳也会接一些心理咨询方面的工作，她说："很多人的离婚过程里充满了抱怨、愤怒、纠葛，这往往来源于两个方面，一是离婚的人自己没有办法走出离婚的阴影，二是离婚对孩子是不利的。"在做咨询时，赵芳会告诉前来咨询的人，"不论你在哪个年龄阶段结束了这段婚姻，你都可以有更好的未来"。并不是很多人都能听到赵芳讲这样的话。赵芳的家庭治疗室里，会有很多夫妻来寻求帮助，几乎没有人是因为婚姻问题而来的。他们的出现往往是因为孩子。比如有的人会问赵芳："我的孩子有网瘾，我的孩子叛逆不上学应该怎么办？"然而，经过分析之后，赵芳发现，孩子其实只是父母婚姻的一个症状表现，问题的根结还在父母。"那个有网瘾的孩子，实际上是因为父母两人关系冷漠，教育孩子的理念又不一致，经常会让孩子两头为难，孩子才会去虚拟世界寻求安慰。"

在李松蔚的咨询室里，一般来做婚姻咨询的人，其实都是尝试了很多挽回方法却无效后，才会来求救。即使来了，他们也不会一开始就谈婚姻里的问题，他们会讲自己的性格，讲孩子，甚至讲到对方有外遇，但基本都不会承认自己的婚姻有问题。"有时候一些矛盾并不涉及实质性问题，只是缺乏一个沟通的方式和一个安全的诉说渠道。他们需要的是专业力量的介入，带着他们认识问题，并沟通和解决。如果这些问题能够早点被发现，早点有人介入，可能就不会出现目前的情况。"赵芳说，"以前一对夫妻还可以寻求兄弟姐妹等系统的支持，但随着社会的发展，现在的家庭变得越来越小，这一部分的支持也就没有了。"赵芳目前正在做一些关于婚姻指导和干预的项目，她希望有更多的项目和力量介入婚姻中去。比如说，结婚之前会有婚前辅导，会帮助两个人正确地认识婚姻，看双方对婚姻的期待以及价值观是否匹配，两个人会承担什么样的角色，以及有了孩子之后双方角色的变化。

好的婚姻
是奢侈品

文 / 王珊

过去我们很少会听到有人讲亲密关系，现在这个词变得普及而重要。夫妻希望在婚姻里能够彼此欣赏、互相理解、互相支持。但由于中国迅猛的发展进程，当下年轻人在婚姻中很少有学习的榜样。好的婚姻是一件奢侈品。

愤怒的犀牛

在过去的几年里，孙欢已经记不清自己到底跟老公提了多少次离婚。她 37 岁，婚龄 10 年，定居在广州。在外人看来，她很幸福，有两个可爱的孩子，老公上进努力，她也有一番自己的事业。可在这样的生活里，孙欢觉得十分厌烦，吵闹声占据了家里所有的空间，她吵起来就会去摔东西，老公也跟着摔。

吵架的原因数不胜数，比如上一次，是因为孩子的教育问题。孙欢和老公是大学同学，老公严格认真，事事要求自己做到最好，这种习惯也延续到对孩子的教育问题上。如果孩子不愿意刷牙或者不背书，老公和婆婆会对孩子进行体罚。有一次婆婆将一本书砸在了孩子身上，孙欢看到后去找老公沟通，对方觉得对待孩子就得这样。还有一次，女儿偷偷过来求她跟爸爸说已经学会游泳了，能不能别去上游泳课了。孙欢问原因，女儿说教练很凶，她游得慢，总是挨骂。孙欢去找老公，战火再次爆发。孙欢说既然已经学会，停课没问题；老公则坚持认为停课就是教孩子放弃，一定要坚持到底。

　　孙欢其实很善于说服人，她是一家儿童早教机构的负责人，讲话逻辑清晰，又有亲和力，尤其善于劝服家长报课程。她会说：孩子不小了，都三岁了，英语还不学？不行不行，太晚了。"各种机构各种班，其实都是在给焦虑的家长找希望，'去上课'背后隐藏的含义就是，缺什么补什么呗。"孙欢说。不过，这些擅长的语言体系和结构好像在家里都起不到任何作用。

　　在孙欢的印象里，大规模的争吵应该是从老公升职、自己开始做早教机构开始的。"我们开始没有时间去聊天，聊到孩子或者哪怕很小一件事情都会很不耐烦。如果不能在很短时间内达成一致，双方的情绪都会很激动。"孙欢发现除了睡在同一张床上之外，她几乎没有和老公在一起的时间，老公周一到周五要上班，周末则是她最忙的时候，一天的培训下来就已经到了深夜。

　　孙欢觉得自己变成了一头愤怒的犀牛，随时都有火气能够喷出来。每次吵完架后看着老公眼里的不解、嫌弃、失望，甚至还有一丝惧怕，她都觉得羞辱、惭愧，还伴随着一些后悔和恐惧。各种情绪搅和在一起，孙欢开始害怕回家：怕老公问她，"今天业绩怎么样"；害怕孩子跟她说，"妈妈这道题我不会"。很长一段时间她都不敢照镜子，因为害怕看到镜子里那张焦虑、扭曲、黄脸婆的脸。"我的生活为什么会变成这样呢？说好的幸福呢？"孙欢不止一次这样问过自己。然而，她的这些行为都被老公视作"作"，认为她"非要在好好的生活里没事找事"。

矛盾的集中爆发，是有一天老公突然跟她说要辞职去另外一个城市创业。他的措辞是，这一切都是为了工作的提升，以给孩子创造更好的生活条件。在孙欢的眼中，情况并不是如此。"他是想逃避我，逃避孩子和家庭的责任。"孙欢说。她的回答也是直接的："你去了你会开心，但我不开心，你留下我会开心。"让她失望的是，"老公选择了他自己开心"。"我当时想，他如果真的是为了我们好，应该去认真想一下我到底需要什么，我们需要什么，我们现在在广州，哪怕没这么多钱，我们也可以生活得挺好。"孙欢说。有一瞬间，孙欢觉得自己的婚姻要完了。

有效的沟通

美国心理学家约翰·戈特曼曾经总结了婚姻中的四大杀手，并将其称为"末日四骑士"。他说，一段失败的婚姻中，四骑士会以以下顺序走入婚姻的心脏地带——批评、鄙视、辩护和冷战，并最终将一段婚姻推向解体。一旦某一天四骑士永久驻入两个人的婚姻，就意味着他们的婚姻关系会产生大的麻烦。如果没有他人的帮助，这对夫妻将以离婚收场，或者生活在一段死去的婚姻中，即同住在一个屋檐下，却各过各的生活，他们也许还会共同完成一些活动，比如说参加亲子游戏，但两个人在情感上已经感觉不到联系了，他们放弃了这段婚姻。

孙欢也想着寻求帮助，她去看心理医生，也想着去参加一些婚姻辅导类的课程。李隽楠和她的丈夫龚炯是朋友介绍认识的。两人是"美满婚姻课堂"中国区的带领人。"美满婚姻课堂"是英国夫妇尼奇·李和希拉·李开设的，主要是想帮助情侣奠定稳固持久的婚姻基础。这些情侣可以是新婚夫妇，也可以是结婚数载面临危机的夫妻。最初，李隽楠也是以学生的身份报名参加到课堂中去的，在那堂课上，她发现原来大家在婚姻中都面临着各色各样的问题，缺乏具体的指导，所以就把课程引到了中国，并做了许多本土化的尝试。

李隽楠的课上有一个固定的沟通练习环节，即夫妻双方一方在说话时，另一方只能听着，听完还要去复述对方的话，回应对方的感受。这往往会发生两种情况：一种是等不及对方说完，一方就着急去否定；一种则是复述的时候完全不是对方要表达的意思。"夫妻双方相处，都希望对方能够多爱自己一点，大家都怕直接表达出自己的需求，会被看低，会像乞讨。所以你不尊重我，我就贬低你，一定要争个高下。刚进入婚姻时，大家基本都能做到礼让，但时间久了，彼此内在的委屈和表面的好胜心会让人们失去这样的能力。"李隽楠说。

孙欢说，在这个环节，当她注视着老公，听他讲"很委屈，压力特别大时"，她一下子就忍不住了，眼泪直接往外飞，"别的夫妻在这个环节也哭成一团"。有时候，李隽楠和龚炯两人也在旁边跟着掉眼泪。

李隽楠和龚炯是大学同学，李隽楠性格热情外放，龚炯则偏内敛。不同的性格和习惯从一开始乃至他们进入婚姻阶段都一直在引发两人间的矛盾。比如说，刚结婚时，婆婆会从家里带来各种她认为小两口需要的东西，碗碟衣架之类的，有的是她已经使用多年的，跟家里餐具的风格很不搭。李隽楠觉得自己女主人的界限被打破了，她心里很纠结：要不要跟老公说这件事情？说了老公会不会觉得我很小气？忍了很久，她还是说了，结果话还没讲完，老公就给出了反应："这么点小事，你至于吗？扔了不就行了。"这让李隽楠更加生气，她哪里敢扔，这不是得罪婆婆吗？李隽楠说，之后她心里有不平就会迁怒到婆婆，觉得如果不是她的"好意"，这些争吵完全可以避免。又一次，她跟老公提了这件事情，老公觉得匪夷所思，强烈拒绝谈论，"这么小的事情，以后你不要跟我说了"。

这件事仿佛一个死循环，每次李隽楠提到，就被老公噎回去。直到他们去了美满婚姻课堂，在课堂上，她跟老公讲述她其实只想获得对方的理解和支持。"当我们真正愿意去复述对方的话的时候，沟通才真正建立。在夫妻生活中，我们很多时候看着像在沟通，其实真正的沟通还没有开始。在家庭里，这种看起来很简单的场景并不容易建立，可能会被家庭的各种琐碎占据和打扰。我们这个场域就是给大家一个交流的空间，并告诉大家如何去营造相应的空间，让沟通和了解真正发生。"

李隽楠和龚炯自创了一个让夫妻保持顺畅沟通的方式，她把这个称为"5+3+2"模式，即每天聊天 5 分钟，每周约会 2 小时，每年有一次两个人的旅行，一个周末 2 天就好。这也是她和老公在婚姻中摸索出来的办法。"你看着时间很少，但其实很少有家庭能够做得到。"李隽楠在婚姻课上遇到过一对夫妻，两人工作都很忙，来上婚姻课时已经基本没有什么交流。李隽楠问他们："你们上一次逛街有多久了？"他们才发现，两个人已经 6 年没有一起逛街了。

建立亲密关系

在李隽楠的课上，孙欢的老公宋峰才第一次知道妻子的愤怒和委屈来自哪里。这些事情实际上与家里的马桶盖是敞开还是合上、轮到谁去倒垃圾之类的问题无关，而是源于妻子内心的需求。宋峰在一家外企工作，工作没多久就被派驻国外，孙欢也辞了职和婆婆跟着去。孙欢的存在感从那时开始减弱。家里宋峰负责赚钱,婆婆又很麻利,一个人把两个娃搞得服服帖帖的,各方面都不需要自己。孙欢的签证又没有办法找正式的工作,只能去语言机构做兼职。

回国以后,当宋峰提出不妨两人一起开个早教机构时,孙欢毫不犹豫地答应了。一方面她觉得两个人一起做一件事情,会有很多沟通的时间;另一方面她也想向老公证明自己。没想到的是,这件事更加催化了两个人之间的矛盾。孙欢没有太多的工作经验,遇到问题总是想找宋峰求助,可宋峰工作忙,回到家都是深夜,根本顾不上机构的事情。两人之间的对话就变成了一个模式:孙欢讲自己的委屈和不顺利,宋峰听了之后就开始一是一、二是二地给她分析事情,并伴随着评论:"你这里做得全不对,为什么要这样做?"孙欢的情绪基本上在宋峰的话刚出口时就被点爆了:"为什么!为什么!!为什么!!!我为这个家付出了这么多!却换不来你一句好呢?!"

"我其实一直希望老公先肯定我,再来帮我分析问题,结果他往往把情感的方面给忽略掉。所以我就会不停地表达这个需求,但他也处于一种筋疲力尽的状态,会给不了我想要的回应。"孙欢说,这与她小时候的经历有关系。从小母亲对她要求很严格,她不敢在母亲面前表达自己的负面情绪,不敢说不喜欢。"这个思维很矛盾,比如说,我考了90分,家长还是不满意,非让我考到95分以上,那我就会努力去做,我觉得自己的价值就是让大家高兴。所以,如果我的老公不开心了,我就觉得是自己做得不够好,会有一种强烈的自责感，这会让我很痛苦。这个思维就像鬼打墙一样，老公根本不知道为什么他说一句话我会有那么大反应。"在进行咨询的过程中，孙欢也慢慢理解了宋峰外出工作的选择。"他小时候家里发生过一次变故，父亲只好出去工作支撑家庭，家里的状况也是从那时好起来的。在老公的心里，男人承担赚钱养家的责任是最重要的。"

"过去我们很少会听到有人讲亲密关系，现在这个词变得普及而重要。不过，大家之前一直在温饱线上挣扎，没有时间和精力经营情感，以至于突然变化了，很多人有些不知所措。"复旦大学社会发展与公共政策学院教授赵芳说，"现在人们进入婚姻确实是不只要求搭伙过日子、生孩子，他们还希望彼此能够欣赏，能够说心里话，互相理解，互相支撑。但由于中国迅猛的发展进程，这几代的年轻人在婚姻中很少有学习的榜样，父母本身就没有亲密关系，他们缺乏相应的经验学习，就懵懵懂懂撞到了婚姻里面去。以前，当人们还在为生存做努力的时候，很少考虑到各方面的需求，现在则有更多情感的需求。"赵芳一直从事中国人婚姻和家庭方面的研究，她说，一个现实是，我们往往缺乏学习的榜样。

这样的结果往往是，夫妻之间会拿着从原生家庭学到的东西去相处。"原生家庭首先决定了一个人的认知和行为方式。两个人结婚以后，仍然是按照原来的行为和方式在互动，这样就容易产生矛盾。婚姻里面的冲突，表面上是两个人的冲突，实际上是两个人过去的经验和问题解决模式的冲突。"赵芳说。

在每一次开课前，李隽楠都会发一个课前调查问卷，有一个问题的设计是这样的：在婚姻关系中，你的生活里有没有学习的榜样？李隽楠的课堂上，来过最年轻的参与者结婚只有 21 天，是一对 95 后夫妇，最年长的已经有 43 年的婚龄。很多人给不出答案，有人直接写道："有，不过是错误的榜样。""有的人会觉得不吵架就是好的婚姻。大家没见过好的婚姻，就不会知道好的婚姻应该是什么样子，也就不会发现自己的问题。好的婚姻是社会的一个奢侈品。"李隽楠说。即使到了课堂上，也总有人难以坦诚面对自我以及婚姻的问题。李隽楠曾遇到一对夫妻，男方在进入课堂 5 分钟后就走了出去，他觉得自己的婚姻没有问题，女方也只好陪着他离去。李隽楠说，去接受婚姻课这个理念，对于很多男人来说还是不容易的。"夫妻对于自己婚姻的评价常常是不一致的，丈夫觉得两个人好着呢，婚姻可以打到八九十分，可能在妻子这里只有五六十分的成绩，及格都算不上。常常妻子已经对婚姻颇有怨言，丈夫还不以为然。"

很多人羡慕李隽楠和龚炯的相处，总会问她两个人保持幸福的原因，我也问了这个问题。李隽楠讲了一些生活的经历，但都是很难被归结为一条、二条、三条的内容。她举了很多例子来讲龚炯对她的理解和包容。2013 年，龚炯被外派到吉隆坡工作，李隽楠辞了在国企的工作一起过去。刚到吉隆坡的第一个月，她每天都觉得像在旅游。但焦虑随之而来，孩子到了学校不适应，每次送去都要哭，李隽楠就得连哄带骗地将孩子送过去。她内心的不安全感也在升高：老公调到吉隆坡，成就感可以通过业绩来体现，我要做什么呢？家庭主妇吗？"我会不会变成黄脸婆？我会不会跟这个社会脱节？我是不是在浪费时间？"李隽楠说她每天都要问自己很多遍。为了让自己稳定下来，她送完孩子就坐地铁去找烹饪学校学做饭，160元人民币就可以上5节烹饪课，她学做烤面包、烤饼干、凤梨酥。

这些并不能抵消她的焦虑。由于语言不通，她每天都盼着老公下班，想告诉他自己一天做的事情、见闻和感慨。为此，她会提前把家务做好，只为了将时间空出来。但龚炯下班之后首先要陪孩子，接着要自己玩手机或者发呆放空一下。在一次大吵之后，龚炯觉察了妻子焦虑的状态。他主动提出来每周四中午在龚炯单位附近吃一顿饭，随便聊聊天。"吉隆坡很热，他每次都是一身大汗地跑过来。"这让李隽楠很感动，也逐渐缓解了她在异国以及作为家庭主妇的焦虑。"他常常说我在家照顾孩子和把家打扮得漂漂亮亮，就值得月薪三万元。和他开玩笑时，我也总说'什么时候把拖欠的工资结一下'。"

看到这里，如果你认为李隽楠只是被老公宠爱和包容的那个人，你就错了。李隽楠一直都是龚炯的最大支持者。大学毕业时，龚炯要回上海工作，李隽楠放弃了手里已经拿到的湖南电视台的工作邀约就跟着他一起去了上海。后来龚炯去吉隆坡、去广州，李隽楠也用行动表达了支持。"夫妻双方相处，不是靠一个人的退却忍让就能够顺利，必须要两个人互相体谅和支持，这就像在银行里存钱，存得越多，心里就越有底，即使偶尔挥霍一次也没什么。但如果是一直在挥霍，没有新的储蓄进入，最终就会消耗干净。许多人的婚姻不是一下跌入谷底的，都是一个渐进的过程。"李隽楠说，他们会将两个人的经历和相处的点点滴滴写成文字，每年都会将这些打印出来，跟照片一起订成册子，"这些都是我们家庭的记忆"。

附 录

西方婚姻变革

"我们正在经历一场历史性的革命，完全像工业革命一样伤筋动骨，一样影响深远，一样不可逆转。像那个巨大的历史转折点一样，婚姻革命也改变了人们如何组织他们的工作和人与人之间的承诺义务，如何利用他们的空闲时间，如何理解他们的性行为，以及如何抚养孩子、赡养老人。它把有些人从限制性的、由遗传而得来的社会角色中解放出来，但它也剥夺了另外一些人的传统支撑体系和行为规范，却没有建立新的体系和规范。"

——《婚姻简史》作者斯蒂芬妮·库茨

20 世纪初

20 世纪初叶，性行为、两性关系和青年文化中的变化，使得更多的人把婚姻置于他们感情生活的中心。对大多数人的个人认同感来说，爱情与婚姻变得至关重要。结婚率上升，非婚生子女数量下降。在大多数国家，人们结婚更早，去世更晚，一生中有更多的时间在已婚状态中度过，尽管离婚率也有所上升。

独立青年文化下的自主婚姻

对维多利亚时代性别隔离和性保守的拒斥，在年轻人当中最为明显，一种独立的青年文化的蓬勃成长，是 20 世纪初最富戏剧性的特征之一。年轻人获得了选择自己婚姻配偶的权利，这是一个世纪之前所不能比的。在新世纪的头两个十年里，男女开始平等地交往。

至 20 年代，终身单身的比例下降。大多数支持妇女解放和性观念开放的人认为，这些变化会让夫妻关系更为亲密。但与此同时，离婚率在很多国家再创新高，如果不是坚持限制性的基于过错离婚的婚姻法，离婚率甚至会更高。

性态度的转变

20 年代的一项美国调查显示，22% 的女大学生参加过爱抚聚会。历史学家们估计，在 20 年代进入成年的女性当中，至少有 1/3 的人有过婚前性行为。在这一时代，男女活动领域之间的边界被模糊。一位活动家解释：第一次世界大战前后出现的性激进主义，是针对 19 世纪婚姻中性压抑的一次"意识形态的过度补偿"。

核心家庭的形成

20 年代末，婚姻比成人与父母之间的关系更重要的观念牢固地确立。与父母一起老少同堂的夫妻，其比例在 1900—1950 年迅速下降。

优生学生育计划

种族主义优生学理念在北美和西欧盛行。20 年代，纳粹掌权之前，美国加利福尼亚有着世界上最广泛的优生学计划，执行绝育措施比其他所有国家加在一起还要多，大多数男人因为没有能力履行养家者的职责而被绝育。3/4 被绝育的女人是"犯有性过错者"。1912 年，佐治亚州代表希伯恩·罗登伯里提议修改宪法，永远禁止"黑人或有色人种与高加索人种之间通婚"。1913 年，美国 48 个州中有 42 个州制定了这样的法律。

大萧条时期

1929 年股市崩溃的经济后果迅速而惊人。短短的 3 年时间里，整个欧洲和北美的失业人数翻了 3 倍，工业产出下降了将近 50%。到 1935 年，世界贸易跌落到了 1929 年水平的 1/3。人们的生活不得不重新回到以物质生活为主体的状态中，注意力集中在生存问题，对有关婚姻的未来所倾注的热烈关注已渐次冷却。

结婚率与离婚率的双重下降

大学生通常一毕业就加入失业的队伍，这使得年轻人难以承担经济的重负，对婚姻心生畏惧，很多人 30 岁都没有完成恋爱任务步入婚姻。而大萧条毁掉数以万计婚姻的同时，另一方面又使离婚率在 30 年代也有所下降。并不是因为苦难使家庭变得更加稳定，实际上，很多人想离婚，却实在拿不出钱来安置各自的家庭。常见的情况是，人们私自分道扬镳，以不必承受合法离婚的费用。到 1940 年，美国有超过 150 万的妻子和丈夫分居。

男性养家式婚姻受到威胁

大萧条加速了已婚女性涌入劳动大军。在美国，1900 年在家庭之外工作的已婚女性不到6%，到了20世纪30年代中期，超过15%的妻子被登记在雇用名册上，成千上万的女人打黑市工。但与20年代不同，30年代几乎没有人把已婚女性的工作看作是解放。当一个女人因为丈夫丢掉饭碗而不得不去找工作的时候，大多数男人在20年里所保持的关于男子汉大丈夫的"现代"观念受到了威胁。失业的男人通常也失掉了身份感，变得心灰意冷，很多人开始酗酒、在家里大发脾气。这样的经历削弱了20世纪初期出现的对工作女性的社会支持。美国的26个州通过了法律，明确禁止或限制在不同领域雇用已婚女性。同时，政府采取了积极的措施支持男性养家者结婚，欧洲各国政府也试验了一些社会计划，以鼓励男人养家式家庭。

出生率下降

对于20世纪30年代的出生率下降，各国反应不同。德国纳粹分子走上了两条岔道，他们让"不合格的人"绝育——酒鬼、聋哑人、癫痫病患者、智力残障者等等。同时，取缔了20年代出现的节育团体，以确保"雅利安"女人尽可能为"优等民族"生产更多的孩子。在美国，立法者们同大多数家庭一样，热心于避免有"太多嘴要喂养"，联邦政府放松了对节育的禁止，甚至为避孕计划提供了一笔基金。

"二战"时期

第二次世界大战的爆发，将大萧条时期婚姻中的很多趋势加以扭转。

战　时

法西斯专制统治下的血统观念开始盛行。希特勒的《我的奋斗》中第十一章《国家和种族》大肆渲染血统决定国家、社会和个人的成就，强制推行血统限制婚，不准德国人与有色人种或者犹太人结婚，于是，不讲爱情只重条件和血统的婚姻风俗开始复辟。

当丈夫走向战场的时候，很多妻子下定决心为战争做出一些实际的贡献。因此，在第二次世界大战期间，更多已婚女性涌入劳动力大军，经济上的回报和文化上的认可也都比过去要强得多。很多女人在这样的非常时期里，于工作中享受到了乐趣，以及它的经济利益，渴望在战后继续工作（因而，战后欧洲和北美国家需要在福利上提供很多的激励，以保持"男人养家，女人持家"的婚姻模式）。

当经济集中于军用产品的时候，生活资料和住房就变得短缺，在战争时期结婚的夫妇常常不得不跟一方父母住在一起。

战　后

美国在战时目睹了未婚出生率的急剧上升，接着是一场离婚"大跃进"。到 1946 年，有 1/3 以上的婚姻以离婚而告终，即使夫妻继续生活，紧张也常常酝酿在表面之下。美国一项对战后年轻夫妇所做的研究表明，在退伍军人当中，充满痛苦甚至伤痕累累的重聚，4 倍于充满快乐的团圆。

20 世纪 50 年代：婚姻的黄金时代

战后经济的繁荣，享乐道德的发展和消费革命，带来了探索婚姻生活的新的可能性。人们蜂拥结婚，开始家庭生活。在欧洲大部分地区及北美各地，结婚率都有所上升，而结婚年龄普遍下降。所谓西方婚姻的黄金时代，并非只是对大萧条和战争时期所积压的延期婚姻的临时性调整，这股热潮在北美和西欧持续有 15 年之久。美国开始于 1947 年，持续到 20 世纪 60 年代初。在欧洲，人们花了更长的时间来克服战争带来的严重断裂，20 世纪 50 年代中期，欧洲的婚姻范式才得以稳定，同时也持续得更长，从 1952 年（战时配给制在英国结束）一直持续到 20 世纪 60 年代末。

结婚年龄下降，结婚率升高，离婚率下降

20 世纪 50 年代，美国女性的结婚年龄比过去半个世纪里的任何时期都要低。1959 年，差不多一半的女人在 19 岁就结婚了，到 24 岁已经有 70% 已婚；男人的结婚年龄变得更小，人数更多。然而 1900 年，美国女性在 20 岁至 24 岁之间结婚的只有 22%。同时，美国的离婚率也从战后的高峰迅速下降。到 1958 年，离婚率不到 1947 年的一半。

欧洲以至斯堪的纳维亚半岛，及澳大利亚、新西兰，这一时代对结婚都有着同样的热情：结婚年龄降低，结婚率上升，离婚率下降。当离婚发生的时候，它被看作个人的失败，而不是婚姻的失败。50 年代初，在法国和澳大利亚，24 岁结婚的男人所占比例是 50 年前的两倍。

随着结婚年龄的下降，大学生间的婚姻在 50 年代变得非常普遍，以至北美和欧洲的高校不得不修建已婚学生住宅供他们居住。

婚姻中的时间空前延长

到 20 世纪 60 年代，在北美和西欧，结婚者占所有适婚人群的 95%。结婚年龄更小的同时，人们的寿命也更长了，离婚率有所下降或保持稳定，一个人一生中在婚姻中度过的时间比此前或此后任何时期都要长。在英国，1850 年出生的女人，其婚姻在丈夫去世之前平均持续了 29 年；而一个出生在 1950 年的女人，其婚姻很可能要持续 45 年。同样的格局也出现在法国，19 世纪 60 年代的婚姻平均持续 28 年，而 20 世纪 60 年代的婚姻则持续 42 年。

已婚平均生育率猛增

年轻夫妇有孩子的比率要比他们的父辈和祖辈高很多。在过去的 100 年里，已婚夫妇的生育率一直在下降，而在 20 世纪 50 年代却猛增。1957 年，美国的人口出生率是每千名女人生育 123 个婴儿，与 1940 年的每千人生育 79.5 个婴儿形成鲜明对比。婴儿出生的高峰在西欧来得迟一些，但同样变化显著，21 岁的联邦德国女人的生育率从 1950 年的每千人 92.2 个婴儿，增长到 1961 年的每千人 120 个，1969 年达到每千人 133.8 个。

战后生育高峰是由于无子或独子家庭的减少而产生的，所以，以夫妻二人为主导的小家庭的理想继续蔓延，大家庭的人数依然在持续下降。此外，由于夫妻生孩子的年龄更小，年纪轻轻就完成了孩子的抚养，因而致力于生孩子养孩子的婚姻，比例一直在下降。

男性养家的婚姻模式达到高潮

20 世纪 40 年代到 60 年代，整个劳动群体的实际工资迅速增长，增长最快的是处于底层的那一半人。在只有一个人挣钱的家庭里抚养成人的孩子，其比例比任何时期都要高。"男性养家、以爱情为基础"的婚姻模式达到高潮。

大规模消费经济所实现的家庭梦想

历史上第一次真正的大规模消费经济塑造了这一时期的家庭生活。在"二战"之后的 5 年里，美国在食品上的花销增长了 33%。衣服上的支出增长了 22%，但购买家具和家用器具的花销却猛增了 240%。到 20 世纪 60 年代，将近 2/3 的美国家庭都拥有了自己的住宅，87% 的家庭有电视机，75% 的家庭有汽车。在遭受战争创伤的欧洲，进步更加缓慢一些，但在家庭的生活水平和方便舒适上，每一年都有明显的改观。这是第一次，很多人不得不试着实现私人家庭的浪漫梦想，幸福地躲进他们自己的巢里。

20世纪六七十年代：婚姻的变革之风

基于爱情的男性养家式婚姻奠定自己的优势地位前后花去了150年，拆毁它却只用了不到25年。实际上，改变婚姻的很多力量，早在20世纪50年代平静的表面之下就开始运转了。50年代晚期至70年代末所做的调查显示，支持服从社会角色的人大幅下降，人们把更多的注意力集中在自我满足、亲密关系、美丽漂亮和情感满足上。更多的人相信，自主权和自愿合作比服从权威更有价值。战后世界日益增长的繁荣，以及人们的价值观——"从谋求生存到自我实现"的转变，使得独身、未婚同居、无子女、离婚和非婚生子女在北美和西欧被越来越多的人接受。

1962年的盖洛普民意调查显示，美国已婚妇女对她们的生活非常满意，但同一项调查中，只有10%的女性希望她们的女儿过与她们一样的生活。相反，她们希望自己的女儿推迟结婚，接受更多的教育。这些情绪并不是对女性主义的有意识认可。但她们希望孩子们比她们自己有更多自我表现的选择。结合60年代和70年代的经济和政治变革，她们鼓励女儿们的一些行为，到头来，这些行为颠覆了50年代的性别角色和婚姻模式。

从伪装过错离婚到无过错离婚

早在1957年，美国及其他几个国家的离婚率就已经开始再度上升，事实上，在20世纪50年代结婚的美国夫妇当中，有1/3的夫妇最终劳燕分飞。离婚率的这次加速，在70年代无过错离婚合法化之前就已经开始了：在60年代，通过互相同意离婚——"伪装成过错离婚"——在许多国家已经成了"例行的法律程序"。70 年代和 80 年代无过错离婚的蔓延，更多是不断增长的对婚姻不满的一个结果。

过错离婚（过失离婚）是自由婚制早期的一种离婚制度，规定必须具备一定的法定理由才能离婚，比如重婚、通奸、遗弃、犯罪判刑等等，离婚是由一方的严重过失引起，它对婚姻关系的解体起到严格的限制作用。60 年代至 70 年代，婚姻的本质属性由经济生活发展成精神文化生活，从而改变了婚姻立法，对离婚不予以限制。1969 年，美国加利福尼亚州通过了非过失离婚法。1970 年，《美国统一结婚离婚法》第 305 条把"婚姻关系无可挽回的破裂"定为离婚的依据。1969 年，英国也公布了《英国离婚改革法》，规定"婚姻关系中的任何一方，可以向法庭请求离婚的唯一原因是婚姻关系无法挽回的破裂"。1970 年的意大利，1973 年的瑞典，1975 年的法国、澳大利亚，1976 年的联邦德国，都通过了离婚法或离婚改革法，使离婚立法变化的趋势由列举具体的法定离婚理由向概括允许离婚根据方向发展，由重视当事人一方的过失向重视夫妻感情状况方向发展。

避孕革命带来的婚姻变革

1960 年，避孕药异炔诺酮在商业上变得可用。冲击瞬间爆发，永远改变了性与繁殖之间的关系。历史上，第一次，任何一个稍微有一点教育资源和经济资源的女人，只要她愿意，就可以把性行为跟生孩子分开。在美国食品药品监督管理局正式批准后的 5 年内，超过 600 万美国妇女获得了避孕药。1970 年，所有成年女性中，60% 的人使用过避孕药或者宫内避孕环，或者做了绝育手术。美国的出生率降到了比大萧条时期还要低的程度。

当大量已婚的夫妇不再生孩子时，婚姻本身也被改变。有效的避孕方法不仅使妻子们有更多的时间投入到工作中去，而且还改变了丈夫与妻子之间的关系。此外，不断增长的无儿女婚姻的数量也削弱了婚姻与父母身份之间的联系，侵蚀了把婚姻抬高到所有其他关系之上，并把它局限于异性恋夫妇的传统。

婚姻中的角色平等

20 世纪 60 年代和 70 年代初期的社会运动，与女人的工作角色和生育权利中的根本性变化遥相呼应，在 70 年代引发了一系列变革。北美和西欧各地的立法者们以飞快的速度废除了所有残存的"首脑与主人"的法律，把婚姻重新定义为两个平等个体的联合，而不是两个截然不同的专门角色的结合。丈夫再也不能以工作会妨碍妻子承担她操持家务或抚养孩子的责任为理由禁止她参加工作。而妻子如果有能力保有一份工作的话，也不能主张由丈夫供养的权利。

非婚生子女权益的扩大

人们越来越感觉到，让孩子为他们的父母所犯下的罪错接受惩罚是错误的。但此前，真正采取行动的国家寥寥无几。20 世纪 60 年代末至 70 年代初，北美和西欧出现了一场改革的雪崩。美国联邦最高法院在 1968—1978 年做出了一系列裁决扩大非婚生子女和未婚妈妈的权利。1969 年，联邦德国、瑞典以及英国，赋予非婚生子女继承权。1973 年，法国给予所有孩子同样的法定权利。 1975 年，《欧洲非婚生子女的法律地位公约》建议所有国家废除对婚内和婚外子女的区别对待。拆除合法子女与非法子女之间的壁垒，是对古老的不公平所做出的一次人道主义回应。但它也剥夺了婚姻千百年来所扮演的一个角色，削弱了它对人们政治的、经济的权利和义务的控制。

20 世纪末的婚姻变迁

性别角色、婚姻行为和性价值观的变化在 20 世纪 90 年代放慢了步伐，在很多领域，这些变化已经接近饱和点。

婚姻权力的弱化

婚姻作为一种制度，它对人民生活所行使的权力比从前更小。在大多数西方国家，已婚和未婚个人的法律责任与权利存在模糊不清的区分。在某些西方国家，关于家庭合伙关系的法律都被政府和雇主采用。这些法律授予未婚配偶和已婚夫妇同样的保险费、继承权及其他法律特权。美国 500 家最大的公司中，将近一半的公司把保险抚恤金的发放对象范围扩展到了在一起生活的未婚配偶。在法国和加拿大，个人可以与另一个人建立法律认可的互相照顾或资源共享的关系，并得到很多通常是保留给已婚夫妇的法律利益和经济利益。

单人家庭比例增加

1970—1990 年，离婚率在西欧开始下降，但是结婚率下降得更快。1950 年，欧洲只有 10% 的家庭是孤家寡人，50 年后，单人家庭占到了英国全部家庭的 1/3，瑞典家庭的 40%。就连希腊，欧洲单人家庭所占比例最低的国家，到 20 世纪末的时候，单人家庭也差不多占到了总数的 20%。

此时，婚姻规范的变革甚至蔓延到了西班牙、意大利、日本，双职工的数量自 90 年代中期以来急剧上升。尽管离婚依然是不怎么光彩的事情，但是结婚率也巨幅下降。25~29 岁的西班牙女人中，超过一半的女人独身。意大利的结婚率比美国要低得多。日本与斯堪的纳维亚半岛分享了世界上 20~40 岁未婚女性比例最高的殊荣。

未婚同居

20 世纪末，未婚同居率却在继续上升。英国人口统计学家凯瑟琳·基尔南指出，在欧洲和北美，经过四个阶段，同居在地位上几乎等同于结婚。第一阶段，大部分人并没有先同居再结婚。第二阶段，有更多来自不同行业的人暂时同居，但他们通常会朝着结婚的方向走，如果他们当了父母，则几乎总是会结婚。第三阶段，未婚同居成了一种社会可以接受的婚姻之外的选择。第四阶段，同居和结婚实际上变得没有差别了，无论是法律意义上，还是社会意义上。20 世纪末，美国正在从第二阶段向第三阶段过渡，但此时的瑞典已经达到第四阶段。

婚姻家庭中的智力等级制度

随着社会富裕程度的提高，精神文化生活的越加重要，从事不同工作性质的人对精神文化生活有着不同的理解。这时，智力等级制度已经萌芽，并对财产等级制度进行着蚕食。

同一等级制度的人，工作条件大致相同，所得到的荣誉、地位、享受也大体相同，因此，对构成生活内容的诸种因素所占比例的认识与理解也大体一致，容易成为工作上的助手与生活上的伴侣，形成恋爱、婚姻关系。从 20 世纪末开始，新加坡在知识界推广同等学历婚姻，使配偶双方既以爱情为基础，又在学识上相称相配，代表着婚姻关系的发展趋势。在智力等级制度逐渐代替财产等级制度之时，婚姻的发展走向是：受智力支配，以爱情为基础，为事业服务，适应于工作的需要。

（资料来源：《婚姻简史》，[美] 斯蒂芬妮·库茨著，中央编译出版社，2009 年；《人类婚姻史概论》，刘发岑著，四川出版集团巴蜀书社，2010 年；《人类婚姻史》，[芬兰] E. A. 韦斯特马克著，商务印书馆，2002 年。）